发现
中国汽车
商业模式

An Exploration of
China's Business Model of
Automobile Industry

何 伟 著

上海交通大学出版社
SHANGHAI JIAO TONG UNIVERSITY PRESS

内容提要

    本书作者何伟主持《中国汽车报》工作期间,策划并主持了高端对话专栏,两年间与中国汽车界的领导和著名企业家进行了专题访谈,并配写了社长手记,在业内引起高度关注,产生较大影响。这些被访者有全国政协副主席万钢、原机械工业部部长何光远、原国务院经济发展研究中心主任陈清泰,也有知名企业家李书福、曹德旺、董明珠、王传福、尹同跃、魏建军、曾庆宏等。本书访谈内容广泛且深邃,可近距离观察中国汽车产业的热点、焦点和难点,了解行业发展的战略得失和起伏,许多见解独家独到,观点犀利直击产业痛点,具有很高的研究借鉴价值,也有新闻史料价值,是一本不可多得的发现与探讨中国汽车商业模式的好书。

图书在版编目(CIP)数据

发现中国汽车商业模式 / 何伟著. —上海:上海
交通大学出版社,2020
ISBN 978-7-313-22780-5

Ⅰ.①发…　Ⅱ.①何…　Ⅲ.①汽车工业—工业发展—
研究—中国　Ⅳ.①F426.471

中国版本图书馆CIP数据核字(2020)第002135号

发现中国汽车商业模式
FAXIAN ZHONGGUO QICHE SHANGYE MOSHI

著　　者:何　伟			
出版发行:上海交通大学出版社		地　　址:上海市番禺路951号
邮政编码:200030		电　　话:021-64071208
印　　制:苏州市越洋印刷有限公司		经　　销:全国新华书店
开　　本:710mm×1000mm　1/16		印　　张:16
字　　数:233千字		
版　　次:2020年3月第1版		印　　次:2020年3月第1次印刷
书　　号:ISBN 978-7-313-22780-5		
定　　价:98.00元		

序

"汽车梦"连着"中国梦"

先说一件轶闻。国际货币基金组织要迎接新任美国总统克林顿做惯例拜访。从白宫到国际货币基金组织约需十五分钟车程，负责人苦思冥想，试图提出一个让美国总统在十五分钟内回答不完的问题，以避免路途出现"尬聊"。

"总统先生，您最近经常思考的几个问题中，哪一个问题不断出现？"克林顿思考片刻后说：我想是中国，如果十几亿人口的中国实现城市化和轿车进入家庭，中国和世界会发生哪些变化？

从美国总统的中国观，我读出了其中的奥妙：轿车作为一种民用消费品，尚未驶入国人的家庭，却先进入了美国总统的大脑。当时，中国高层正就轿车该不该进入家庭，争得面红耳赤。支持者提出实现 100 万的年产量并非说梦，反对者质问：瞎扯，路在哪？油在哪？

有房有车，是小康家庭和中产阶级的标配。我毕业后自立的第一个奢望，就是有辆吉普车，这可能是那个时代每个中国男孩的普遍梦想。"汽车梦"紧紧连着"中国梦"。汽车行业的是非成败，在中国不仅仅是经济问题，还是民生问题，乃至政治问题。这注定了中国汽车工业的发展格外艰辛，格外曲折。

（一）汽车这个行当，产业大，链条长，故事多

已有百年历史的汽车工业，成长为中国的支柱产业，是改革开放这40年实现的。产量由14.9万辆增长到2 901.5万辆，跃居全球汽车产销第一大国。汽车产业链是除房地产外对宏观经济影响最广泛的产业链，即其产值每提升一个百分点，将带动汽车上下游提升17个百分点。

今回首，这一跨越式发展，有3段剧情反转的镜头，很值得一一回放。

一是首创中外合资模式。今天遍地开花的合资企业，发明者是时任美国通用的董事长。据从二汽抽调到北京参与外企合作谈判的李岚清回忆，当中方人员接过外方的合资方案后心里嘀咕：你是大资本家，我是共产党员，我怎么可能同你"结婚"？最后还是邓小平一锤定音："合资经营可以办。"独具战略眼光的大众新董事长哈恩博士捕捉到千载难逢的中国机遇，几经坎坷，于1984年促成了上汽与大众的姻缘。这一年合资的还有北京吉普和广州的标志，让封闭的国内汽车产业开始接轨国际市场。不要把经济问题政治化，才能让汽车驶出意识形态的牢笼。

二是2000年的入世。WTO谈判起初谈不成，一个主要障碍是汽车工业。中方代表一致认为对我国脆弱的汽车行业而言，入世是与狼共舞，让许多汽车人心生恐慌并再三呼吁：汽车业必须像弱势的农业一样受到保护，不能马上开放。孰料入世之后，当初最让人担心受伤害的行业，迎风起飞成为获益最大的行业。特别是2002年以后的持续"井喷"，让全世界的汽车市场分析师们大跌眼镜。可见最好的产业保护不是政策，而是放开来竞争。

三是危机给了中国汽车产销量跃居世界第一的机会。2009年那年，国际金融海啸肆虐，通用宣布破产，丰田章男临危赴任社长，菲亚特·克莱斯勒（FCA）重组，中国车企也陷入行业亏损，一汽二汽发不出工资了。年初老总们一脸凝重到中央电视台对话《中国汽车如何过冬》。孰料，到了年底中国汽

车如寒冬里的一把火，实现井喷式增长，超越美国荣登世界产销量第一的宝座，引发底特律的震惊。有一种机遇叫危机，用在 2009 年的中国汽车行业，再恰当不过。

这就是充满梦想和坎坷，故事和传奇的汽车行业。就在这本集子出版之际，中国汽车终结了产销增长的奇观。本来都认为中国汽车要弯道超车，要直奔年产 4 000 万的目标，自主品牌更是要超越合资品牌，孰料却迎来了销量的下滑和新能源汽车的政策调整。合资股比放开，审批资质放宽，新能源汽车补贴退坡，让市场来选择裁定企业，汽车行业的严冬不请自来。

（二）汽车这个行当，圈子小，人物多，情怀深

我是 2016 年转入《中国汽车报》工作，懵懵懂懂闯进了汽车圈。都说人过四十不学艺，我是年过半百始学徒，进入了一个激荡百年的时尚行业。

三年间，我鼓起勇气，在汽车报开设了社长总编高端访谈系列，初心是提升汽车报的品牌影响力，不想却给自己在圈内建立起口碑，其中一个重要因素是汽车界的大佬，大部分都慷慨地坐下来与我面对面探讨交流，成为我的入行"高师"。

铁血男儿魏建军，在车企老总中，绝对是个另类。他很少抛头露面，高层论坛也好，国际车展也罢，踪迹难觅，常常神龙见首不见尾。传说魏建军很少加班，原因是他经常不下班，吃住在厂里。他痴迷于汽车到了"此生只想造好汽车"的地步。他坦言没有其他的职业选择，这辈子只能干汽车。不像国企老总，干几年就要换地儿了。所以他干自主是出于本能，决不搞"假摔"。

宠辱不惊的尹同跃，在集团办公室的走廊里，随意找了个落座处，就和我谈了起来。他举止随性，性情谦和，说话慢条斯理，更像一个学者。我们去的时候，奇瑞正遭遇"成长的烦恼"，我称之为"青春期陷阱"。这位压力重重的奇瑞掌门人，没有抱怨，更非传言的那样失意不振，倒是很有情怀范儿："我希望把奇瑞的经验和教训与同行分享，避免走我们的弯路，减少风险，尽早让中国品牌跻身世界十强。不管谁先冲上去，我们都高兴。"

北汽掌门人徐和谊面膛黝黑，身材魁梧，一望就能感知这个北方硬汉的坚韧。北汽乘用车不尽人意，网上出现一些极端的言辞，甚至谩骂。这位大国企老总倒是不急不躁地问我：媒体是否多给点耐心，少一点急躁；多一些理解，少一点苛责；多一点宽容，少一点挑剔。

"长安从未摆脱过危机感"。在山城重庆，长安老厂区的老办公楼里，我们初次交谈，朱华荣就坦诚相见。几个小时下来，我们对长安"生于忧患"多了几分思索和理解，实际上，长安转型发展并不顺利，但是长安志在依靠自主品牌跻身国际车企方阵的初心不改。

"我老谭的目标就是把重型内燃机领域的外资品牌挤出去！"走路带风、声音洪亮的谭旭光，眼里不揉沙子，敢作敢为敢"放炮"。譬如自主乘用车搞不上去，他分析主观原因是浮躁，直言缺乏脚踏实地的苦干精神；客观原因是乘用车市场让国外品牌进来得太多了。"我们这个行业对国外品牌的依赖度太大了，一些企业依靠合资，产品卖得很好，日子很舒服，还费力搞什么自主？"

高知形象的王传福，着浅色工装，佩1号工牌，若不介绍，还以为他是比亚迪的工程管理人员。他生活简单，吃路边盒饭，也从不摆前呼后拥的老板架子。比亚迪的英文缩写是成就你的梦想，至少王传福的梦想已经成真。

质朴聪明的李书福，每年会接受我一次专访，或者在杭州湾的发布会上，或者在万米高空的商务专机里。他不仅造车，还制造传奇。都说干自主是自讨苦吃活受罪，李书福不信这个邪，自称是敢死队，再三恳求审批部门，给他一个失败的机会。记得最深的一次访谈是在海南的博鳌。就着刚上岸的小海鲜，端起本地的鹿龟酒，落日夕照，浪花翻卷，身着T恤的李书福谈兴渐起甚浓。我理解了这位放牛娃出身的企业家不是赢在起点，而是赢在转折点；不是赢在市场，而是赢在呼应家国情怀的价值观。

在中国汽车品牌的班级里，李书福、魏建军和王传福无疑是从市场拼杀中脱颖的优等生，民企造车"三杰"。这三位年龄相仿的企业家，有着许多共同点。他们都凭借自身的悟性和智慧踏准了时代的节拍，抓住了中国经济起飞的历史风口；都是贫寒出身，白手起家，起始都以模仿洋车为主，雄心很大，运气都不错，企业达到了千亿级的营收规模，个人都先富起来但又无暇享受财富。如果说有差异，李书福更像聪慧型的企业家，长袖善舞，国际并购；魏建军则是工匠型的企业家，精益求精，专注SUV并力争做到全球第一；王传福则属技术型的企业家，从科研院所下海，背井离乡南下深圳创业，埋头钻研，不谙应酬，事必躬亲，不事张扬。

车如其人。他们的衣着，谈吐，气质和个性，性格色彩和审美情致都会融化在他们的产品中。环视华夏，中国汽车品牌的希望，很大程度寄托在他们身上。

（三）汽车这个行当，有困惑，有痛点，有梦想

经过几代中国汽车人的努力，中国汽车产业交出了一份有目共睹的成绩单。整车自主研发能力明显提升，产品制造能力、质量水平稳步提高，中国品牌迅速成长，特别是培养造就了一大批汽车人才队伍和零部件配套能力。

但是痛点也如鲠在喉。最大的痛点是中国2 800万辆的超级市场，迄今没能培养出哪怕一个能占据国际市场的中国品牌。

中国品牌30年没长大，窃以为原因有三。

首先是车企患了"合资依赖症"，尖锐的说法是如同"吸鸦片"。1978年，邓小平两次表态，确定了"合资经营可以办"。从此，中国汽车产业与外国资本、技术、管理和市场全面对接的大门打开了。合资的目的是让自主汽车站到巨人的肩上，而今却是合资企业躺在巨人的怀里沉醉不起，忘了初心。几年里我跑了不少合资车企，发现他们也做自主品牌，但是不坚决不执着不拼命，甚至搞了不少假动作，做了表面文章。说起来壮我中华，不乏豪言壮语，信誓旦旦，但豁出命来干的几乎没有。正如李书福所言：核心技术是用钱买不来的，而且会越买越被动、越用越依赖，必须自己研发，持续创新，迭代发展。

对自主品牌，我们要说两句话，一要自信，中国汽车千人保有量为170辆，世界平均数为180辆，发达国家至少为500辆，相比之下我们还差着哩，这么大的市场空间，我们应该有信心。二要自省。克服急躁，耐住寂寞，少

言弯道超车，多练基本功，即使是新能源汽车，也要踏踏实实地干，板凳一座十年冷。特别要遏制靠造车发财的投机者和摈弃依附在汽车产业链上的寄生虫。只自信不自省，难成气候。只自省不自信，难有出路。一位老汽车人尖锐地指出"没有自己的品牌，造多少车都是别人的辉煌"。如果说前40年成就了上海大众、一汽大众、上海通用等国际知名的合资企业。下一个40年，中国汽车产业要从合资唱主角向自主唱主角转场。

其次是政府患了"产业政策软骨症"。产业政策既有成功的案例，也有失败的案例，早期国家的汽车产业政策是支持"三大、三小、两微"。结果"两微"破产了，"三大、三小"基本都合资了。现在"三大"民企的自主品牌的汽车基本是在产业政策的围剿和缝隙中成长起来的。数据表明，中国汽车业连续多年蝉联政府补助的行业榜首。2018年度，仅25家A股上市的整车企业就获得政府补助180多亿元，是政府输血最多的行业。自主品牌保护了几十年，可现在一眼望去，马路上的主角依然是合资汽车、进口车。越是保护越难自强，身强体健是自己炼出来的，不是靠补药补出来的。

电动车百人会会长陈清泰呼吁，汽车行业的转型，最终是由经济力量推动的。政府应该尽量不管过程，让市场去决定，由政府推动转向市场推动。

此外，对中国汽车评价，缺乏理性和冷静的第三方。我们像需要技术和资金一样还需要鞭策和批判，需要盛世危言。但是政府部门和行业协会护犊子，寄生行业的媒体软骨头，大家对自主车企娇生惯养。仅靠表扬和赞美是培育不出自主品牌的。

其三是中国的消费者患有"崇洋媚外症"。大众消费心理是，能买进口车，不买合资车；能买合资车，不买自主品牌汽车。

（四）汽车这个行当，有讲不完的故事，更精彩的在未来

2017年，我有幸策划并带队实施了《中国汽车报》的"中国品牌巡礼"大型采访活动，在汽车业界产生不小的反响。2018年2月，"中国汽车品牌发展峰会"在人民日报社礼堂隆重举行，我作为主办方代表发布了"中国汽车品牌强国宣言"。

我与汽车结缘是 2015 年，一个偶然的机缘，我有幸担任《中国汽车报》总编辑。那年是中国的羊年，汽车产销达到峰值的丰收之年。及四年后我辞任汽车报的职务，正值国际单边主义抬头，中美贸易战火四溅，汽车销量全线下滑，高歌猛进的中国汽车凛冬已至。刚好经历了行业从涨潮到退潮的一个发展周期。

四个春秋，我从业外闯入业内，现又悄然"退群"，但对中国汽车的情缘却割舍不断。涨落起伏间，我客串访谈节目的主持人，嘉宾都是中国汽车业的风云人物，观察到业外人难以看到的些许真相。这本集子既是行业现场的记录，也是思想交汇的火花，其间还有我对汽车行业第三只眼睛的观察与思考。要特别感谢汽车业的受访嘉宾，感谢《中国汽车报》和《证券时报》的同事，尤其是首席评论员秦淑文，他以匠心编辑文稿，勘校文字，规范提法。年轻的摄影记者杜琳拍摄了精美的照片。感谢上海交通大学出版社抬举，特别是吴芸茜编审的呵护与鼓励。

1844 年，爱默生在他的文章中写道：一切美好的事物都在公路上。如果说这 40 年，我们成功融入了国际化，参与了国际汽车产业大循环，那么，未来 40 年，我们将立足品牌自主化，让中国的汽车跑遍全世界，而不是让全世界的汽车跑遍全中国。"汽车梦"紧紧连着"中国梦"，这该是中国汽车人的初心与使命。

2019 年 7 月于深圳雅颂居

目　录

全国政协副主席万钢

多管齐下促新能源汽车产业健康发展

访谈主持：何伟

访谈嘉宾：全国政协副主席、致公党中央主席、中国科协主席　万钢

"我国新能源汽车产业正处于由导入期向成长期过渡的关键阶段。"

何伟：经过十多年的精心培育，我国新能源汽车产业取得了显著成绩，产销量已经连续三年全球第一，保有量也居全球首位。从产业规模来看，今年，新能源汽车销量有望首次突破百万辆；从技术水平来看，一批整车和动力电池骨干企业茁壮成长，新能源乘用车的主流车型续驶里程已提升至300公里以上；从国际竞争力来看，2017年有4家中国企业跻身全球新能源汽车销量前十。对于这些成绩，您怎么看，您认为当前新能源汽车产业发展到了一个怎样的阶段？

万钢：2014年5月，习近平总书记在视察上汽集团时指出，新能源汽车技术研发能不能占领制高点，已经成为当今世界汽车行业的竞争焦点。汽车行业是市场很大、技术含量和管理精细化程度很高的行业，发展新能源汽车是我国从汽车大国迈向汽车强国的必由之路。要加大研发力度，认真研究市场，用活用好政策，开发适应各种需求的产品，使之成为一个强劲的经济增长点。习近平总书记的重要指示，为我国新能源汽车发展绘制了蓝图，指明了方向。

采访全国政协副主席万钢

自 2001 年启动电动汽车重大科技专项以来，我国的新能源汽车产业已走过了十几年的发展历程，特别是纯电动和插电式混合动力汽车已成为全球先行者，整车和部件出口欧、美、日的几十个国家和地区。我们高兴地看到，新能源汽车优势车企持续投入、加快研发，不断推出具有差异化优势的新产品，快速占领市场；一些新兴汽车企业勇于创新，利用互联网技术优势，从中高端和共享市场切入，塑造品牌形象；合资企业也先后推出新产品，得到了政策支持和市场欢迎；关键零部件企业的创新能力和产品质量快速提升，进入全球产业链、供应链前沿。在公共交通领域，深圳市已在全球率先实现 100% 城市公交电动化，北京、上海、杭州等城市正在加快公交客车、出租车、共享汽车的全电动化，充（换）电基础设施也在加快建设和完善中。

在政府的积极作为、科技的支撑引领、巨大的市场规模、创新的商业模式共同作用下，我国新能源汽车产业正处于由导入期向成长期过渡的关键阶段，在全球产业体系中占据举足轻重的地位，引领和加速了全球汽车电动化进程。

"尽快着手研究制定面向 2035 年的新能源汽车发展战略及规划。"

何伟：从导入期到成长期，这意味着什么？处在关键的过渡阶段，在进一步取得规模发展的前提下，从国家层面，是否应该针对新能源汽车产业设定新的战略考量？

万钢：引领产业变革、支撑转型升级，首当其冲就是要坚持战略引领，实现产业高质量发展。

新时代我国新能源汽车产业要担负起引领经济转型升级和保护大气环境的双重使命。从能源供给侧来看，我国非化石能源发电装机量已超过 40%，燃煤发电效率提升、排放降低，走在世界前列，为新能源汽车发展奠定了良好基础。在认真总结前期规划实施效果的基础上，应进一步发挥国家战略规划的引领作用，着手研究制定面向 2035 年的新能源汽车发展战略及规划，制定新时代的创新方向和战略目标，明确新形势下的发展路径和政策支撑，提出全面实现汽车电动化、智能化、共享化的时间表和路线图，给产业界一个长期、明晰的发展预期，坚定各方信心，率先落实改革开放新举措，推动供给侧结构改革，实现产能转换，确保新能源汽车健康发展。

"聚焦重点、拓展和完善新能源汽车重点科技研发计划，确保产业发展的技术需求。"

何伟：电动化、智能化、共享化的叠加融合大势，既为产业带来了转型变革的机遇，也带来了前所未有的挑战。面向这个看得见的、令人期待的产业未来，全产业对科技创新的渴求与日俱增，企业也是压力与动力并存。您认为，我们应该在哪些重点领域加大创新力度？

万钢：面向未来，科技创新仍然是引领新能源汽车转型升级的动力源泉，必须坚持创新驱动，加强科技创新对新能源汽车持续发展的引领支撑作用。

早在 2001 年，我们就确定了涵盖纯电动、混合动力和燃料电池汽车的电动化发展方向，聚焦电池、电机和电控这三大核心技术，确立了"三纵三横"的研发布局。当前，要根据产业和市场发展趋势，研究分析我国新能源汽车的技术短板和竞争优势，与时俱进、加大投入、超前部署，坚持市场导向，强化以企业为主体的产学研结合力度，着力提升核心技术和系统集成能力。

一要明确电动化、智能化、共享化的新方向，遵循市场需求，充实完善新能源汽车"纯电驱动"技术转型战略。整车产品要在综合能效方面提高质量。要把安全作为新能源汽车最关键的指标，多措并举，综合考虑，寻找最佳系统解决方案。

二要继续提升"三电"核心技术，加强高能量动力电池、高功率燃料电池、高性能驱动和高效率能量回馈、新型电力电子器件、智能网联与自动驾驶控制系统等方面的基础研究、技术创新和系统集成。

三要协调推进纯电动、混合动力（插电 / 增程式）和燃料电池动力系统研发和产业化。当前要加大对燃料电池发动机的研发力度，攻克核心技术、基础材料和关键部件难关。

四要把新能源汽车作为最佳载体，着力研发智能网联和自动驾驶技术。鼓励跨界融合，构建和利用好开放共享公共技术平台。

五要科学制定技术标准，加强检测能力，提升我国新能源汽车技术标准体系的竞争力和影响力。

"远近结合、供需匹配，协调推进新能源汽车产业发展。"

何伟：要技术创新，必然会涉及全行业都关注的技术路线问题。除了纯电动汽车，是否应该鼓励新能源汽车多条腿走路、多元化协同发展？

万钢：要坚持远近结合、供需匹配、协调推进新能源汽车产业发展的思路。在这个思路引导下，近些年，为保护城市大气环境和发展公共交通，我国从纯电动和混合动力城市公交车、出租车、共享汽车入手，逐步拓展到私人用车，合理有序地形成了新能源汽车产业、市场、基础设施和政策法规的综合竞争优势。

去年以来，插电式混合动力乘用车呈快速增长趋势。我们应该顺势而为，及时推动插电式混合动力向增程式混合动力发展，充分利用内燃机领域新技术，促进内燃机与电驱动技术的融合发展，诸如推动稀薄燃烧、均质压燃、转子发动机等科研成果应用于增程式发动机。在带动产能转换的同时，使排放降得更低，有效支撑产业转型升级。

纯电动汽车的短板是续驶里程和充电时间尚不能满足量大面广的远程公交、双班出租、城市物流、长途运输等市场需求，为此，应及时把这些领域的产业化重点向燃料电池汽车拓展。燃料电池汽车具有零排放、续驶里程长、燃料加注时间短的特点，经过多年研发积累，我国已形成自主特色的电-电混动技术优势，并先后经历了北京奥运会、上海世博会期间的规模示范运行，获得了不错的成效。我国氢能来源广泛，既有大量的工业副产氢气，又有大量的弃风弃光电、低谷电等可供制氢的存量资源。上汽、潍柴、福田、长城等骨干企业已经明确规划、加大投入、推进燃料电池汽车研发和商业化。以国能（神华）为首的能源骨干企业牵手汽车、石油以及相关制造业和院校，成立了氢能和燃料电池产业联盟。应继续支持上海、广东、江苏、山东等地结合资源禀赋，开展区域性商业化示范运营，加快产业化进程，实现新能源汽车产品型谱电动化、智能化全覆盖。

"要坚定内燃机产业转型升级、创新发展的信心。内燃机技术尚有较大提升潜力和发展空间。"

何伟：还有一个问题不可规避，那就是徘徊在十字路口的传统内燃机产业何去何从。近些年，在我国新能源汽车产业高速发展的同时，关于新能源汽车和传统汽车的争论不绝于耳。内燃机行业节能减排压力巨大毋庸置疑，但这个产业真的成了日薄西山的夕阳产业了吗？

万钢：内燃机是近代工业革命中最具核心价值、最有代表性的发明创造之一。内燃机的应用大大提升了生产效率，推动了工业社会快速发展。今天，在能源排放清洁化、动力系统电动化、产业发展智能化的大趋势下，内燃机产业面临前所未有的挑战。

当前，温室气体排放等导致的大气环境恶化和全球气候变化，已成为国际社会共同关注的话题。汽车大规模普及应用，在给人们生活带来便利的同时，化石能源消耗带来的温室气体和有害污染物排放，成为空气污染的重要原因，影响人们的身心健康。推进生态文明建设，实现绿色发展方式，是新时代的发展理念和发展要求。顺应新时代的召唤，减少石油资源消耗，保护大气环境，发展和利用可再生能源、实现能源多样化，是内燃机产业转型升级和可持续发展的必然选择。

在此背景下，我们要坚定内燃机产业转型升级、创新发展的信心。内燃机发展已有一百多年，目前仍是汽车等各类机械最主要的驱动力，仍然占据着最大的市场份额。例如，在大型工业动力、重型运输动力、船用动力、工程机械、农业机械、专用车辆等应用领域，内燃机具有广阔的市场需求，仍将发挥着不可或缺的主要作用。

内燃机技术尚有较大提升潜力和发展空间。我国的内燃机产品综合能效与国际先进水平相比仍有差距，在先进燃烧、低摩擦、低耗能、轻量化、余热能利用、后处理以及天然气、醇类燃料等多能源高效利用技术领域，仍有进一步进步和提升的空间。这些也是内燃机技术进步的重要方向。

"新技术、新材料在内燃机产品创新中的嵌合，内燃机与电驱动、与智能化、与燃料电池等技术的结合，都有广泛前景，亟待加强基础研究和创新攻坚。"

何伟：也就是说，内燃机的市场与生命力依旧存在，但不能止步不前，而是要通过技术创新，获得更长久深远的发展，实现传统汽车与新能源汽车的双轮驱动，协同发展。

万钢：传统产业转型升级，是世界各国共同关切的重大问题。新旧技术更替、新旧动能转换，是技术和社会进步的必然过程。我们要坚持创新驱动发展，着力推动产业转型升级。

从全球来看，新技术、新材料在内燃机产品创新中的嵌合，内燃机与电驱动、与智能化、与燃料电池等技术的结合，都有广泛前景，亟待加强基础研究和创新攻坚。

我们要坚持用发展眼光和创新思维，研究制定车用动力及产业转型升级的技术路线和发展战略；着力降低排放、提升内燃机综合能效，积极推动内燃机与电驱动技术融合发展，针对新型增程式混合动力系统的技术需求，融合智能控制技术，重点研发插电式、增程式混合动力发动机。

令人欣喜的是，我国能源、汽车和内燃机企业联合高校院所已经成立了产业技术创新联盟，共同推动氢能、燃料电池技术创新和产业化。我们要多方发力，进一步推进内燃机产业转型升级，开创新的天地。

"应鼓励地方政府在能源价格、建设用地、商业模式等方面大胆创新。"

何伟：我记得今年年初您曾在一次公开会议上总结了当前我国发展新能源汽车面临的四大挑战。一是纯电动汽车亟待克服技术短板，扩大功能覆盖；二是传统内燃机驱动系统急需将转型压力转化为升级动力。对于上述两大挑战，今天您提供了更全面、详尽的建议。还有两大挑战，那就是基础设施建设不平衡、不充分，运营服务体系不完善；以及政策体系、标准法规不健全，体制机制亟待创新等。就这两大挑战，我也想请您谈谈接下来该如何发力，有哪些改善措施。

万钢：基础设施建设要做好总体规划布局。在电动化、智能化的进程中，新能源汽车将逐步发展成为移动储能终端并实现与能源网的双向互动。

因此，普及充电基础设施是推动电动汽车应用的关键。应鼓励地方政府在能源价格、建设用地、商业模式等方面大胆创新，加快各类基础设施市场化建设和运营。

在已经建成的住宅小区里的停车位上安装充电桩普遍比较困难，问题在于小区供电归物业管理，物业公司因无利可获而缺乏提供安装方便的积极性。建议地方政府出台政策，允许小区物业收取合理的充电服务费，以提高物业协助安装和维护管理充电桩的积极性。

相比之下，建设加氢站的任务更为紧迫。发达国家把氢气作为能源管理，创制了科学安全的加氢站建设标准、车载氢气罐技术标准和检测标准，有力地推动了燃料电池汽车商业化进程。在我国，氢气仍被作为危化品来管理，管理理念制约了我国的氢能利用。建议相关部门研究借鉴并制定科学安全的氢能、加氢站和储氢罐技术标准，提升检测能力，尽快破除制约燃料电池汽车发展的制度障碍。

"政策支持应转向税收优惠、环保激励、碳交易、金融创新和路权支持等方面。"

何伟：在政策方面，尤其是最受行业关注的新能源汽车财政补贴政策如何进一步优化完善，确保在补贴退坡之后行业能够顺利实现由政策依赖向市场主导的过渡与转变？

万钢：随着新能源汽车市场的快速增长，产品生产成本逐步下降，应用优势逐步显现，具备了到2020年财政补贴退出的条件。下一步，政策支持应转向税收优惠、环保激励、碳交易、金融创新和路权支持等方面。

具体措施上，一要严格执行油耗标准、"双积分"等产业政策，适时转化为碳交易机制，增强汽车企业发展新能源汽车的内生动力。二要将推广新能源汽车作为"打赢蓝天保卫战"的重要战略支撑，赋予新能源汽车用户更多的路权和准购权，将道路交通电动化的规模、效益与城市大气环境绩效考

采访全国政协副主席万钢

核挂钩。三要加大支持分时租赁和共享服务等商业模式创新，推动企业向产品、服务、充电、运营等多环节组合的新型商业模式转变，提高服务的质量和效益。四要及早认真研究 2020 年新能源汽车财政补贴政策退出之后对纯电动汽车、插电式混合动力汽车的税收优惠政策，让使用零排放和超低排放车辆的车主得到奖励和购车补偿。五要以安全、节能、环保为导向，加强安全运行管理与服务，取消对续驶里程、能量密度等具体要求，把产品技术的决策权交给企业，让市场决定产品的优胜劣汰。六要鼓励金融创新，让购买新能源汽车的人享受到更优惠的贷款利息；规范、完善和平等对待新能源汽车保险业务。七要加强对从事退役动力电池储能梯次利用和电池材料回收再利用的企业的政策支持。八要积极支持有条件的地方先行先试，分地区、分车型实现汽车电动化，鼓励大中城市率先实现公交、出租、共享、物流汽车全电动化。支持海南省创建国家生态文明试验区，到 2030 年实现全岛新增汽车电动化。

【商业评论】

汽车创新发展的追梦者

窗外，午后的长安街，车队川流不息。室内，暗红色茶几上一辆黑色的红旗电动车模，以及墙上挂着的探索一号拍回的月面图，彰显出主人的情趣。卸任科技部部长后，依旧钟情于汽车的全国政协副主席、致公党中央主席、中国科协主席万钢，在其位于中国科协的办公室里，聊天般拉开了我们的访谈。

11月9日，全国政协召开第十四次双周协商座谈会，围绕"促进新能源汽车产业健康发展"议政建言，中共中央政治局常委、全国政协主席汪洋主持座谈会并作重要讲话。

此前，为筹备双周座谈会，致公党中央和全国政协经济委员会组成调研组，赴北京、上海、浙江、广东四省市，针对新能源汽车上下游全产业链开展了深入细致的调研。

座谈会上，多位政协委员发言，与到会部委代表进行了互动交流，还有诸多委员在网络议政平台上提出了意见和建议。可以说，此次双周协商座谈会的召开，对定调我国新能源汽车产业发展、跟踪落实相关调整措施具有极为重要的意义。

18年前从海外归来的万钢，职位多次变化，却始终没有放弃对中国汽车创新发展的设计和推动。谈及这个话题，还要从他归国前的1999年说起。当时就职于德国奥迪汽车公司的万钢，在组织德国汽车工业界博士工程师代表团回国访问期间，向国家领导人提出了汽车产业创新发展的新思路——开发洁净能源轿车。

当时社会上对轿车要不要进家庭有不同看法，他的态度旗帜鲜明：中国要建设小康社会，家庭不能没有轿车。问题是，我国国情决定，如果轿车进家庭，必须解决三个问题：一是我国石油短缺；二是大气环境污染；三是我国汽车制造水平和创新能力的提升。如何一箭能解决这三个难题呢？他给政府决策部门的建议是换个发展路子，不必走西方走过的老路，即前瞻部署纯电动、混合动力和燃料电池汽车的研发和产业化。彼时国外电动车产业刚刚起步，他认为我国调整思路可以一举三得，实现跨越式发展，追上汽车发达国家。2000年，他应科技部领导邀请，回国担任了国家"电动汽车"重大专项的总体专家组组长。

后来的近20年，中国的新能源汽车产业基本按照这样的思路取得了快速发展，如今已在规模上位居世界首位。针对外界对技术路线的争议与误解，他再三强调，发展新能源汽车，不能片面理解为只发展纯电动，要根据国情，按照规划，电动、混动和燃料电池多管齐下。

"新能源汽车要参与国际竞争，只有在国际市场上站住脚，才能生存下去，要相信市场的力量，相信开放合作的魅力。汽车电动化、智能化、共享化实际上是相互联系的整体，有序带动产业转型升级。"聊起汽车产业，万钢如数家珍，从新能源汽车产业面临的创新机遇与挑战，到如何促进全产业链高质量发展，以及传统内燃机产业转型升级等热点话题，我几乎插不上嘴。夕阳余晖，我真切感受到这位学者出身的领导，对中国汽车的绵绵情结和殷殷情怀。

禁售燃油车要探究的是深层次背景

访谈主持： 何伟

访谈嘉宾： 中国电动汽车百人会理事长　陈清泰

> **"中国已经把禁售燃油车提上议事日程。我认为具体时间不是最主要的，我们必须要看清楚为什么政府要伸出一只'有形的手'来干预市场，而且力度如此之大，到了不允许销售的程度。"**

何伟： 近日，工信部官员在公开场合透露，我国正在研究制定禁售燃油车时间表，一时间引起行业内外高度关注和舆论高潮。如何看待这个问题？燃油车退出历史舞台，目前看是否过早？

陈清泰： 的确，关于燃油车禁售的话题最近被提出来，社会上非常关注，看法也很不一样。

禁售燃油车不是从中国开始的，实际上一些对环保、对未来更加关注的国家，早已明确了相关做法。我认为，从时间上看，2016 年是一个重要转折点。在此之前，国际上对电动汽车的看法存在很大差异。

纵观产业发展历程，电动汽车已经经历过几起几落，但在很长一段时间里一直没有发展起来。2000 年前后，通用汽车在美国加州推广电动汽车，当时受到一部分环保人士欢迎，加州政府还出台了一些规定，鼓励使用电动汽

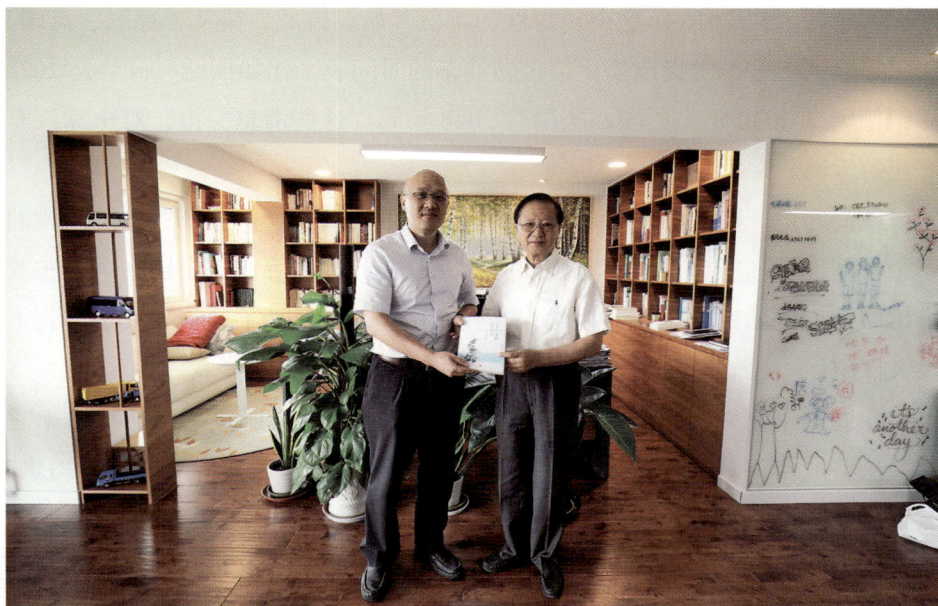

访电动汽车百人会理事长陈清泰

车，但最后又被边缘化了，一个原因是在技术上还存在诸多不成熟，另一个原因是既得利益集团的反对。后来，我国在全球金融危机、经济开始下行的时候，提出要发展新的支柱产业，并把电动汽车作为一个战略性新兴产业提上日程。

我国曾设立了与电动汽车相关的科技重大专项，在 863、973 当中都明确了一些规划，所以，也有了相关的研究基础。2008 年北京举办奥运会期间，我国做了一次大规模的推广行动，之后是"十城千辆"项目，力度比较大。但是，从全球范围来看，当时的电动汽车发展仍存在不确定性。奥巴马上台之后，提出美国要把插电式电动汽车作为一个发展方向，企业却表现得很犹豫，没有大的动作，其他国家也在观望。比如丰田就认准了混合动力路线，再进一步就跨到燃料电池，认为没有必要搞纯电动技术，对纯电动不以为然。

中国于 2013 年开始实施财政补贴，2014 年进一步采取鼓励措施来推广电动汽车。当时主要还是从环境压力、产业发展以及未来能源结构这几个角度来考虑的。自 2016 年这个转折性的年份开始，挪威、荷兰、德国、英国、法国等欧洲国家相继提出禁止销售燃油车的时间表，比如挪威、荷兰是 2025 年，德国是 2030 年，英国、法国是 2040 年等。这些消息一出，对全球汽车产业的震动非常大。

我们知道，德国的汽车产业在全球是最强的，这就倒逼那些传统的燃油车企重新部署。所以，我们看到，大众、奔驰、宝马等汽车集团高调宣布要推出多系列电动汽车的相关战略，这些变化是一种巨变，政策在其中起到了很大作用。

在此之前，对全球汽车业影响比较大的企业是特斯拉。特斯拉出来之后，一些股市评论家说，特斯拉成立的历史任务就是颠覆传统汽车。当然，这家公司起步时非常困难，但是美国的创新环境培育了它。特斯拉从 2003 年开始创立，一边亏损，一边有新的投资者给它投资，这种状态一直持续到 2010 年特斯拉上市。起初，其上市时每股仅 17 美元，随着量产车推出，股价节节高升，现在已近 400 美元，甚至连其 CEO 马斯克都曾说过股价涨得太快太高了。可以看到，美国社会对科技创新行为十分支持，特斯拉才能一炮打响。它的成功也意味着电动汽车是可以被社会接受的。

现在，中国也把禁售燃油车提上议事日程。我认为，具体时间不是最主要的，我们必须要看清楚为什么政府要伸出一只"有形的手"来干预市场，而且力度如此之大，到了不允许销售的程度。政府应该十分清楚，如果这样执行，将会造成大量资产损失，影响就业，产业链也会造成巨大震动。难道仅仅是为了把燃油改成电？或者仅仅是解决环境问题？如果我们没有把实施这一政策的原因完全搞清楚，会给将来留下后遗症。

麦肯锡一项研究表明，传统汽车企业拥有庞大的人员体系以及资本结构，它们已经不再是优势，反而成了转型障碍。传统利益格局让传统汽车企业缺乏冒险探索新领域的勇气，这可能让它们裹足不前，从而陷入被颠覆的危机之中。汽车产业已经进入了创造性破坏时期，守成者将面临巨大的挑战。汽车业正在发生破坏性创新，新的进入者机会很大。

一些敏感的零部件企业早已经开始转型。比如德尔福宣布，要将旗下燃油机业务部门动力总成事业部专门拆分出去，全力去搞信息化、无人驾驶；博世出售其传统的汽车启动器和小型电动机部门，据说是被中国企业购买了。据说，中国企业买到的不仅有其资产，还涉及约 7 000 名员工，我认为这在将来或许是个灾难。

还有一些现象值得我们注意。今年，摩根士丹利发布了一份报告，其中提到，谷歌公司旗下成立了一个专门搞无人驾驶的部门，尽管现在没有推出任何产品，但摩根士丹利认为，这个部门的估值是 700 亿美元，甚至更高。要知道，这个估值远远超过了通用汽车公司或福特汽车公司的市值。此外，目前优步的市值大约是 500 亿～700 亿美元，也是赶超了通用、福特。还有，英特尔在今年 3 月花 153 亿美元收购了以色列公司 Mobileye，后者是一家无人驾驶技术公司。在此之前，英特尔已经和 Mobileye、宝马有过合作，三家联手搞无人驾驶，而且计划近期投入 40 辆车用于测试，2021 年有望批量化生产。

这些估值，包括收购行为，都不是没有根据的，反过来却能说明汽车产业的动荡和巨大变化。为什么优步的估值这么高？为什么英特尔会花这么大的价钱去收购一家不起眼的小公司？这些案例都与无人驾驶相关，而无人驾驶和电动汽车是天然相连的。

我们现在把电动汽车放在这么高的位置，是因为看到了未来出行方式将产生的巨变。我认为，电动汽车的下一步发展就是无人驾驶，与此相关的就是类似优步这样的分享式汽车使用方式。因此，电动汽车的地位可以那么高，这表明它会带动后续的经济、社会、能源、交通、出行方式的系统性大变化，实质上这就是第三次工业革命的核心。能源要由石油时代逐步转化为新能源时代，而中间的一个核心载体就是电动汽车，和它相衔接的是新能源、智能单元、智能交通、智慧城市、分享式出行等，所以那么多国家认准并下决心推动它的发展。

当然对于德国来说，发布禁售令还有另外一层含义：德国燃油车的资产存量太大了，包括技术、人才、设备等，要想转型并发展电动汽车，没有极特殊的手段和方式是不会转型成功的，因此它是带有倒逼性质的。我认为从某种意义上说，这就叫壮士断腕，由政策倒逼车企加快转型，使产业得到再生。

到这个时候，壮士断腕是对的，只要一犹豫，肯定全完了。这其中有很多案例值得借鉴。比如，诺基亚、摩托罗拉的垮掉，原因就是转得太慢。诺基亚的智能型手机已经开发到相当程度，但是由于转型太慢，资产存量的包袱太重，稍一犹豫，结果就被淘汰。我们国内彩色显像管行业的教训也值得借鉴，在平板显示器已经初现端倪时，很多国外彩色显像管企业开始抛售，而中国企业却争着收购。可悲的是，这种历史似乎还在重复，就像刚才讲的博世把部分传统汽车业务卖给中国企业的案例。

我们应该看到，颠覆性的技术和产品都有一个成长的过程，也就是要过几道坎。在这场国际性的电动汽车竞赛中，我认为中国是输不起的，我们有全世界最多的生产者、消费者。可幸的是，我们较早地把它上升到国家战略，在科技部等国家部委做了大量前期工作的基础上，不断地向前推进，进展还是很不错的，走在了全世界的前列。

何伟： 关于禁售燃油车，目前看，阻力较大，质疑声很多。如果我们要加紧制定时间表，那么确定在什么时间节点更合适？或是需要一个渐进的时间表？

陈清泰： 汽车行业的转型，最终是由经济力量推动的。政府应该尽量不管过程，让市场去决定，由政府推动转向市场推动。因此，我认为，政府要把大目标设定下来，另外在相关战略性能源、基础设施等方面给予大力支持。同时，政府要把后监督机制建立起来，只追查结果，让违规成本更高。比如双积分政策，已经体现了这个导向。

至于认定哪一年开始实施禁售，这不是拍脑袋去决定的。我非常希望全行业、全社会对禁售燃油车的原因有一个充分认识，达成方向性的共识，回过头来再研究具体的禁售时间、禁售过程。而且事实上，从市场与行业发展趋势看，很可能到了一个时点之后，即便再销售燃油车也会没人买了，就像现在很少有人再买非智能手机了一样，而这并非是政府强制禁售的结果。我希望是一个自然而然、慢慢改变的过程。

> **"双积分对所有的中国车企都是有利的，只不过有利的形式不一样。对于像比亚迪或新生的着重做电动车的企业来说，这是一种激励；对于以燃油车为主的企业来说，则是一种倒逼，希望企业通过这个倒逼的过程赶快转型，不要被淘汰。"**

何伟：为接替财政补贴政策，今年 6 月，工信部发布了双积分并行管理办法征求意见稿。由于受内外环境影响，双积分政策延期一年执行，您对此怎么看？哪些企业或因双积分受益，哪些将面临挑战？

陈清泰：这个政策对企业有利或者无利，不能一概而论。我认为，如果从宏观层面，也就是必须实现转型的层面来讲，双积分对所有的中国车企都是有利的，只不过有利的形式不一样。对于像比亚迪或者新生的那些完全做电动车的企业来说，这是一种激励；对于以燃油车为主的企业来说，则是一种倒逼，希望企业通过这个倒逼的过程赶快转型，不要被淘汰，所以对他们都是有好处的。这个道理与德国禁售令是有相似之处的。

何伟：双积分政策延后一年，是否会让自主车企失去"时间差"所带来的领先契机？

陈清泰：应该没有太大影响，在这么短的时间里，剩余积分也发挥不了太大作用。对于中国车企来说，不要把过多的精力放在补贴上或靠积分赚钱上。这只是短期的，重要的是抓紧时间搞好技术，建设好品牌。

> **"在将来的合资企业中，中方和外方的关系可能与第一轮合资有所不同，中方的主动性、主导性会上升。中外资双方的核心问题还是要看技术层面是否有主导权，如果技术不行，谈主导权就很困难。"**

何伟：近段时间以来，部分外资企业纷纷向国内电动汽车发展得较快的车企寻求合资，例如，大众与江淮、戴姆勒与北汽、福特与众泰，以及雷诺-日产联盟与东风等，这被视为是外资车企应对我国双积分政策的一种策略，如何评价这新一轮的"合资潮"？

陈清泰：我认为，国家既然已经有相关政策出台了，那就顺其自然，由企业自主决策，政府原则上不要再干预。这其中，各家企业合资的目的或许有较大差异，这种差异也应该允许。有的是为了活下去，找一个能力强的伙伴；有的是为了在合资过程中更好地运用技术储备、扩大自己的影响。

在将来的合资企业中，中方和外方的关系可能与第一轮合资有所不同，中方的主动性、主导性会上升。应该承认，汽车是一种长期积累的产品，而这正是传统企业的优势，在品牌上也有其独特优势。所以，中外资双方的核心问题还是在于技术层面是否有主导权，如果技术不行，谈主导权就很困难。

何伟：如何看待未来几年中国自主品牌车企与外资车企在电动汽车方面的竞争？

陈清泰：我去年曾讲过，在中国政府补贴退坡之日，就是外资大举进入之时。竞争是很惨烈的，尽管我们在电动汽车上有相当的积累，但是电动汽车的门槛比较低，凭跨国车企的实力追赶上来，应该说不是非常困难的事，而且他们公布的投入资金都是几百亿元量级的，所以未来的竞争不可小视。但是，这种局面没有办法改变，还是要靠自主品牌汽车企业自己用功努力。当务之急是中国几家大的车企集团需要加快转型步伐。

"当产业处于还不成熟的初期，应该允许有试错的过程，不应由政府来认定企业行或不行。我们需要更多的人拿出真金白银参与试错，如果他们试错失败，等于向社会交出了一份答卷，表示这条路走不通，后者要小心。"

何伟：当下的电动汽车领域，新生势力不断加入，并与传统车企共同角逐，有的甚至已经落实了量产车计划，如何看待这类企业的发展？

陈清泰： 我认为，传统的产业政策一定要解开紧箍咒。目前，政策的规定是不能一哄而上，面对众多投资者，政策的要求是赶快刹住车，从上到下的政策就是这样错误地执行着。

现在，有很多新进入者看到了希望和前景，积极参与投入，这种做法本身没有错。在产业处于还不成熟的初期，应该允许有试错的过程，不应由政府来认定企业行或不行。我们需要更多的人拿出真金白银参与试错，如果他们试错失败，等于向社会交出了一份答卷，表示这条路走不通，后者要小心。他们也可能在某个局部获得了成功，但是却发展不起来，那么，可以作为一个技术要素，转让给别人，这也是贡献。一旦产业发展到技术程度更高的时候，就会有人选择退出或者出售，这就是大浪淘沙的结果，最后可以使产业集中度提高，几家企业脱颖而出。现在的 BAT 就是经过市场淘汰之后产生的，而不是由政府认定的，电动汽车也会经历这样的过程，但实际上电动汽车产业政策的管理是最严的。

目前，新造车企业是拿自己的钱来投资，没向政府要投资，所以在法规上没有必要去限制他们。我认为之前的产业管理理念应该及早转变。另外，产品的生产和研发、品牌营销是可以分离的，在这方面做得最成功的就是手机，品牌企业能够解掉各种约束去创新、开拓市场，生产则委托给专业企业，这样就形成了新的分工。同样，搞电动汽车的企业可以是轻资产，如果出现问题，与制造厂无关，而是由品牌厂商负责。这对于我们布局工业 4.0，对于建立扁平化生产方式也会带来好处。

"燃油车曾经被称为改变世界的机器，今天电动汽车将再度改变世界。现在从政府到企业都应该认真研究，充分理解这种颠覆性意义，利用好以往的积累，抓住这轮变革，当一个领跑者。"

何伟： 您是否担心 2020 年补贴退坡后，我国电动汽车市场将出现断崖式下跌？

陈清泰：我相信不会是悬崖式下跌，原因在于电动汽车的性价比在迅速上升，甚至和燃油车已经基本上可以相抗衡了，这是非常重要的一点。电动汽车的发展驱动力会由政策驱动逐渐转向市场驱动。况且，2020 年之后，双积分政策就作为一种非补贴性质的政策，让电动汽车的发展可以持续下去，不会断崖式跌落。

斯坦福大学经济学教授托尼·西巴在他的文章《反思交通运输 2020～2030》中提到，由于经济性不合算，到 2025 年将不会再有燃油车，电动汽车的性价比将可以与燃油车抗衡。电动汽车动力电池的比能量每年都在增加，成本也在下降，像轻量化研发等都在进行，电动汽车技术会越来越成熟。另外，从电动汽车的性能上看，也不比燃油车差。与此同时，充电设施建设每年都会有大的进展。现在，一次性购买电动汽车的成本相对高一点，但使用成本非常低，所以就算是买车成本高一点，也很快会持平。

这个报告还提到，未来人们将会彻底停止驾驶行为，全体转向自动驾驶电动汽车，这种汽车的运行费用是矿物燃料汽车的 1/10，而燃料的边际成本几乎为零。一旦有数据验证由人来掌握方向盘是多么危险，那么城市内会禁止由人来操作汽车，这种做法还会慢慢扩展到郊区。无人驾驶现在的技术水平还不够，但为什么那么多人花大量资金去搞无人驾驶？因为这就是未来的方向。阿尔法狗可以打败全世界最高水平的棋手，那么无人驾驶的安全性总有一天也将超过有人驾驶。

电动汽车加上未来的无人驾驶、汽车共享，就是代表着汽车行业的未来。再回到刚才说的禁售燃油车的话题，我还是想强调，对于中国来说，如果我们把禁售燃油车的原因想清楚了，还是应该及早地把时间定下来。

电动汽车是对全社会有很大颠覆性作用的载体，这种革命性替代确实就是一种创造性破坏，它的破坏是很残酷的。如果做得好，那么在第三次工业革命中，中国可以是一个最大的获益者。因为电动汽车带来的革命性变化，都涉及中国目前的痛处，比如环境问题、出行问题、城市问题。前两次工业革命，我们都没有抓住机会，这次如果搞得好，很可能是一次历史机遇。

采访陈清泰

政府部门需要有一个顶层的规划布局，来保障各种技术趋势在合理的时间节点得到推动，要把握好依法行政和宽容创新之间的尺度。比如对待无人驾驶路测，应该更宽容一些，同时应更新相关法律法规，为创新提供环境。

另外就是要由市场起主导作用。现在，还是有很多投资者对发展新能源汽车有热情，政府没有必要把他们挡在门外。他们的确各有各的想法，有的是希望在进入时试一试，将来或者也会退出，政府用不着替他们担心，不应该不给机会。

如果要做一个归纳，应该说，燃油车曾经被称为改变世界的机器，今天电动汽车将再度改变世界。现在从政府到企业都应该认真研究，充分理解这种颠覆性意义，利用好以往的积累，抓住这轮变革，当一个领跑者。

【商业评论】

此生只为汽车而来的盟主

从小喜欢玩汽车，大学学的是汽车。当过汽车厂的技术员、总工程师、老总、厂长；当过清华、北大的老师；当过国家经济部门的领导。执掌过国家最高的经济智库，参与过中央和国务院许多重大政策和重要文件的制定和起草工作……这样的工作履历和专业积累，不知还有谁能比陈清泰对汽车产业有更多的发言权，以及更浓郁的汽车情结。

如今，他已经是 78 岁的老人了。神态矍铄，步履轻盈，谈吐儒雅，精力之旺盛，年轻的工作助手说，一点不输中年人。我们的访谈地点，选在他退休后的寓所兼办公室。窗外是北京工人体育场的红色棚顶和蓝天白云，屋内会客室陈设简洁，白桦林的装饰画贴满墙面，上面有一行外孙的留言：姥爷，加油。

"小的时候我就喜欢汽车。"退休后的访谈多起来了，他的回忆常常这样开场。他与汽车的情缘，从这件小事可以看出。家中门廊摆放汽车模型的玻璃柜，是他在阳台上自己动手的杰作。别的孩子热衷于玩球、捉迷藏，他的乐趣却是独自坐在路边看来来往往的车，只是那时的马车比汽车多；放弃年轻人羡慕的苏联留学，却要读清华大学，因为那里有个汽车专业；毕业后不惜以夫妻团聚的名义逃离清华教席，跑到武当山不为练拳脚，只为投身火热的二汽建设工地。

但是，我们的访谈，却是以电动汽车几起几落的苦难历程开始的。如果说何光远是甲醇部长，那么陈清泰算是电动车盟主了。他是中国纯电动汽车的代言人、推动者和守护神。我们的话题很敏感，老人对合资车企的功过、传统车企的艰难转型以及双积分、禁售燃油车的利弊分析，都有独到的灼见。他认为这一轮电动车的窗口期，中国不能输，也输不起，因为投入太大了。

别前，他送我一本签名的汽车专著《汽车产业和汽车社会——一个汽车人的思考》。其中有这样一句自白：我是学汽车的，到汽车厂不是服从组织分配，是为实现我毕生的汽车梦。所以我无论是做技术工作，或者管理工作，甚至是企业主要领导，我都把它作为毕生的事业，实现自己的追求。

合上书，我想，当下我国的汽车产业，繁荣的背后多有迷茫，澎湃的浪涛多有焦虑，我们是不是该放缓一下脚步，关一下手机，倾心听听此生只为汽车而来的这位长者的忠告。

老骥伏枥　为甲醇汽车鸣不平

访谈主持： 何伟

访谈嘉宾： 原国家机械工业部部长、甲醇汽车试点工作专家组组长　何光远

"甲醇部长"难脱"甲醇情结"，半路出家，迷上"甲醇这个好东西"。

何伟： 您大半生干的是汽车，也做过部长，主业是机械工程和经营管理工作，为什么近些年来关心起能源和化工？即使钟情于清洁能源，如今的清洁能源种类也不少，为何独对甲醇那么上心，以至于有人送您个"甲醇部长"的雅号？我们很想知道其中的原委。

何光远： 哈哈，你听说过我这个外号了。机械行业的老同志说："机械部部长不钻研机械，整天吆喝甲醇干什么？你都成甲醇部长了。"不错，我是学机械的，后来搞管理，要说现在为什么对煤化工甲醇感兴趣，还要从曾经担任过山西省机械电子厅厅长、后任山西省副省长的彭致圭说起。

当时，山西的劣质煤直接烧是有问题的，含高硫高灰，发电厂不能用。如何找出路？山西省便在全国最早用劣质煤搞煤化工做化肥。在进行化工操作的过程中，同时派生了甲醇。现在，甲醇实际是一种基础的化工原料，既可以把它当作燃料，也可以做化工原料。

我去山西调研，彭致圭跟我说："何部长，民间已经悄悄用甲醇代替汽

油，且价格便宜，无污染。"

因为说到汽车，我就来了兴趣，详细地询问关于甲醇排放等各方面问题，以及内燃机使用的性能如何。彭致圭不多说，带着我去看了运城和晋中的几家煤化工企业，目睹了煤化工制作甲醇的过程。他说："这种劣质煤不能直接烧，但可以做化肥、做甲醇。在制造甲醇过程中，我们可以把硫提出来，让里面不含硫。此外，咱们国家做硫酸还要进口硫黄，我们这样操作后，既产生了硫黄，这是做硫酸的原料，又产生甲醇，其中还不含硫黄成分，一举多得。"就这样，我开始迷上了甲醇，后来越调研越是觉得甲醇确实是个好东西，适合我国国情。

何伟：这样生产出来的甲醇又是怎么弄成燃料的？比其他燃料有啥优势？

何光远：甲醇的分子式是 CH_3OH。CH_3，3 个氢；OH，1 个氢；一共 4 个氢、1 个氧、1 个碳。所以，这种燃料是低碳燃料。1 个碳的原子量是 12，4 个氢就是 4 个 1 加在一起，12 加 4 是 16。1 个氧的原子量也是 16，那么这样的话就是 16 比 16。甲醇作为燃料燃烧时就是 50% 是氧，50% 是可燃物质。而其他燃料诸如汽油、柴油，碳链都是八九个以上，柴油甚至有几十个碳链。

如果某种燃料燃烧需要大量空气，在发动机启动后，温度达到五六百度以上时，氮氧化物就大量产生了。现在的雾霾，一是由颗粒物造成的，再一个就是由氮氧化物造成的。所以，现在的国四、国五柴油机，都要加尿素罐，以此还原氮氧化物，减少污染。问题是实际运行中，司机出于省钱，通过检查后上了高速路，就可能会把尿素罐阀门关了。

所以说，用甲醇做燃料，相对污染小。现在，吉利汽车在山西省的 M100 甲醇汽车试点，所加注的甲醇燃料是由佳新公司提供的。过去，炼焦的焦炉气就排放到空气中，污染环境，资源也浪费掉了。但佳新的甲醇是通过焦炉气回收制成的。这家企业也有改装车厂，不管是美系车、德系车、日系车、韩系车，还是中国自主品牌车，只要是汽油车，都可以改为甲醇燃料车，改装费不到 1 000 元。

在国外，甲醇汽车发展一波三折，忽冷忽热，但在国内却能解决替代石油的能源安全问题，是立足国情的现实选择。

何伟： 甲醇作为内燃机燃料不是新事物，早在20世纪70年代第二次石油危机时，欧美日就研发推行甲醇汽车，美国里根政府还签署法案减免税收，福特也生产过甲醇汽车，后来却偃旗息鼓了。甲醇产生有毒的甲醛，冬季冷启动困难，对储运设施和发动机腐蚀性强，会缩短汽车寿命等问题，是导致甲醇汽车由"热"转"冷"的主因。我们今天为何要重蹈覆辙？

何光远： 这些缺陷和问题是存在的，但今天已有解决方案。

先说腐蚀性问题。山西的改装厂对原有的油箱这一套零部件都不做改动，而是搞一个正两级，与车原来的线路是通的，再加一个旁通，这是他们的普遍技术。其改装车不仅销到本市，而且销到外地，如河南、安徽等。甲醇本来对塑料、橡胶有溶胀性，对某些金属有腐蚀性，一些公司，例如博世通汽车新技术公司，已经有一套应对技术，现在已经做到第三代、第四代，解决了甲醇对发动机的腐蚀难题。

在冷启动问题上，吉利的技术路线是汽油启动，然后烧甲醇。简单地说，就是在油箱中设计一个塑料小格，小格放汽油，油箱中其余的容积放甲醇。汽车先由汽油启动，温度到达三四十度时，就由甲醇驱动。

至于毒性，卫生部做过一个检测对比试验，结果是甲醇的毒性比汽油低，前者毒性指数是22，后者是28。

甲醇汽车为何在美国偃旗息鼓，第一个原因是，像美国加州，他们试点用的是德国大众车，使用的是天然气制成的甲醇。天然气价格提高，甲醇的成本就高了。第二个原因是，美国石油公司施加的压力比较大，搞甲醇这套技术没有利润。第三个原因是，美国政府对农业、农场主很支持，他们用农产品做乙醇，美国的乙醇燃料一直到现在还在做。所以，这与国家的资源禀赋以及不同行业的利益纠葛有关系。

我国现在主要是以煤做甲醇。有用好煤的，如内蒙古鄂尔多斯、陕西鄜城以及新疆等地；山西用劣质煤做甲醇比较多。

如今，加入工信部甲醇汽车试点项目的吉利汽车，已经在山西晋中建设了甲醇汽车生产制造厂，年产10万辆，就等着试点一结束，这个厂就开始全面生产。另外，吉利在湖南湘潭也新建了一个厂。吉利的甲醇汽车已经做到第四代、第五代了，从一开始就是按照甲醇车要求设计的，车内零部件用什么样的材料，在设计时就考虑好了，所以不存在改装问题。

透露一下，吉利还在冰岛某个能源公司投资了5 000万美元做甲醇，且运去了几辆甲醇汽车，据说用得很好。所以，吉利还准备在那儿建一个甲醇汽车厂。最近，吉利又收购了四川南充一家客车厂，打算在他们的客车上使用甲醇，现在车已经制造出来了。吉利对甲醇汽车积极性特别高，且形成了规模。

何伟： 任何决策都要立足实际而谋。我国是煤炭大国，煤炭在我国能源结构中占比很高，"去煤化"已经成为政策的主流，大力发展靠煤提取甲醇的路线是否有悖能源政策？您如何看待中国的能源安全问题？

何光远： 能源的安全供应与环境的保护，这是我们考虑能源问题的两大出发点。能源安全，我认为最重要的还是石油供应安全。我国已经成为世界最大的石油进口国，对外依存度达到65.2%。中国是缺油少气、相对富煤的一个国家，这是客观现实。温家宝同志任总理的时候，曾经归纳了国家能源战略四句话："立足国内，节约优先，煤为基础，多元替代"。"立足国内，煤为基础"就是从中国资源禀赋出发，替代能源应该是煤炭的清洁利用，应该在煤炭的清洁利用上下功夫。"节约优先"就是深挖内燃机的节能潜力。我个人估计，在三五十年之内，起码三十年之内，主要的动力还是内燃机，所以内燃机节能应该是努力的方向。仅是一项汽油缸内直喷技术就可以节省百分之十几的燃油，还有高压共轨技术，我们也没有完全普及。"多元替代"就是以电、天然气、生物柴油、甲醇、乙醇为替代品。我比较强调的多元替代品是甲醇，我认为煤化工大有发展潜力。

当然煤制甲醇也有一些难点。例如用水量比较多，制取一吨甲醇需要十吨水，而产煤大省又都是缺水的，比如山西、陕西、贵州和内蒙古。怎样使煤化工节约用水？现在做得较好的是山东兖州矿业局下属的鲁南化工，他们制取一吨甲醇时，用水量大约已经降到五六吨了，很有潜力。

发展电动车花了不少冤枉钱，千万不能搞大跃进，刮一阵风，要主动拥抱向我们走来的多元化燃料时代。

何伟：这些年，甲醇汽车好像有些尴尬，成为一种非主流。对清洁能源的发展路线，目前国内是公说公有理，婆说婆有理，吵来吵去没有定论。搞氢燃料的说氢好，搞乙醇的说乙醇好，搞电动的说电动好，除了认知上的差异，自然还有利益驱动使然。往往业内关注更多的是新能源汽车，似乎谈新能源汽车就是电动车，这里是否存在认知上的偏差？

何光远：现在，咱们把电动车叫做新能源汽车，包括媒体也是这么宣传。我认为这个说法不科学。纯电动也好，插电式混合动力也好，或者是增程式的混合动力，是什么车就应该叫什么车。电不是新能源，也不是一次性能源。我们国家的电 60%～70% 是火电，一部分是水电，小部分是核电。至于说风电、太阳能电力就更微乎其微了。因此，我们把电动车叫做新能源汽车不合适。

此外，从汽车发展历史来看，电动车是 1834 年出现的，制造者是英国人罗伯特·安德斯，它比后来的内燃机汽车早出现了 50 年。所以，把电动车称作新能源汽车，从汽车发展史来讲也不科学。

我并不反对电动车，只是觉得千万不能搞大跃进，刮一阵风。我们在电动车方面花了很多冤枉钱，企业都向中央、地方政府要补助，甚至出现"骗补"。到底有多少家能站得住？应该要有一个科学的态度，扎扎实实从基础抓起。

推广甲醇汽车的主要难点是加注站建设

何伟：有一位诺贝尔化学奖得主，名字叫乔治·A·奥拉，他在《跨越油气时代》这本著作中，提出可行的新方法是把空气中的二氧化碳分离出来、加氢转化成甲醇，认为这是取之不竭的易得资源，有望开辟未来世界的能源新天地。广阔的前景已经明朗了，为何甲醇汽车试点工作推行了这么多年，进展仍不理想，您认为最大的难处在哪里？

何光远：主要的难点是加注站建设。比如，在山西长治市有 100 辆试点运营的甲醇客车，只能在几十公里、上百公里之内运输，因为面临加注不到甲醇的问题。我亲自到运输公司去过两次，有一次一位乘客对我说："其他公交车是 8 块钱，甲醇车 6 块，我省了 2 块钱，而且车上没有汽油的刺鼻气味。"司机也跟我说过驾驶感受："很稳定，没什么问题，就是加注站建设跟不上。"

工信部为了推动加注站建设，专门出台了《车用甲醇燃料加注站建设规范》，主要采取两种方式加注：橇装箱和橇装车，不用让加注地点固定下来。要在城市建设加注站，需要涉及安全、城市规划问题，而且投资高、回报慢。建造一个加注站，大概需要四五百万元。今年贵州省贵阳市据说准备建设 30 个加注站。

另一个难点就是配套设施、标准体系不健全，以及税收、保险等的缺位。包括曾经出现过用甲醇勾兑假酒的事故，使得大家对甲醇有些谈虎色变。

我们要主动拥抱向我们走来的多元化燃料时代，一起为甲醇汽车加油，让它快些跑。

【商业评论】

老部长的甲醇情节

正是京城四月天。在北京三里河老机械工业部厚实的灰砖办公楼里，何光远老部长鹤发童颜，热情招呼我坐在他的对面。室外阳光灿烂，屋内谈笑风生。墙壁上各类地图，桌台上叠加的文件，把 20 平方米的空间挤占得拥挤又显繁忙。

何光远大半生搞汽车，德高望重，退下来后行业内许多重要活动都力邀他助阵。记得我们初次相识，他就给了我一个难得的见面礼。得知我是履新的总编后，毫不客气地指出本报在电动汽车报道中存在的突出问题，我心里咯噔一下，真是一点面子都不讲。后来获悉老人当年为自主品牌发起"何龙之辩"，为遭遇冷落的"甲醇汽车"鸣不平的传说，才理解老机械部长的直率和勇气。

甲醇汽车，算不上新事物，却是新话题。今年全国"两会"，吉利汽车董事长李书福的头号议案，就是呼吁大力发展甲醇汽车。李克强总理在《政府工作报告》中，用清洁能源汽车的提法，取代过去的新能源汽车。用词的微妙变化，背后大有深意，也成为我们这次高端访谈的缘起。他的秘书透露，对我们的访谈，老部长事先做了准备，案头备有翔实的数据。

声若洪钟，目光如炬，辅以手势，何光远把他的论点论据抽丝剥茧般展开。他强调，甲醇当然算不上最好的清洁能源，却是最现实的清洁能源。因为我国煤多，煤化工是我们的能源优势。我国幅员辽阔，资源禀赋不一，替代石油不能单靠电动汽车一枝独秀，还应尝试多种清洁能源并举，譬如甲醇、乙醇、氢燃料等。即使是内燃机，挖潜降耗的空间仍然很大。我国内燃机去年保有量的总功率达到 24 亿千瓦，而同期整个国家电网总功率才 13 亿千瓦，短时期内用电替代内燃机既不可能也没必要。

令老人开怀的是，呼吁已久的甲醇汽车今年终于迎来了小丰收。标志性事件是工信部牵头的甲醇汽车试点城市今年要完成全面验收，明年再扩大试点范围。同时，工信部甲醇汽车试点领导小组新添了发改委和科技部的人员。他当过多年的政府部长，很清楚组织领导的加强比争取啥资源都重要。

那天上午，老人没挪窝，一聊就是大半天。怎么不觉累呢？老人今年 87 岁，属马。在我的职业访谈中，他不是官职最高的，却是年龄最长者。他像一匹壮心不已的老马，为了国家能源安全和甲醇汽车，奔腾不息，嘶鸣不已。

中国工程院院士李骏

共和国 "长子" 要争这口气

访谈主持：何伟

访谈嘉宾：中国工程院院士、中国一汽副总工程师兼技术中心主任　李骏

"十三五" 期间，中国品牌，尤其是中国品牌乘用车的崛起仍将是我们的重点发展目标。2018～2019 年，一汽集团自主品牌乘用车将迎来爆发式增长。

何伟：今年 4 月，工信部、国家发改委、科技部联合印发《汽车产业中长期发展规划》，对汽车产业，特别是中国品牌提出非常具体的要求，例如到 2020 年，形成若干世界知名汽车品牌；到 2025 年，若干中国品牌汽车企业产销量进入世界前十。一汽集团作为共和国的 "长子"，对这一目标有何考虑？

李骏：《汽车产业中长期发展规划》对产业发展提出了较高要求，但事实上，一汽集团的规划目标更高。一汽集团的 "十三五" 规划提出，到 2020 年将力争实现旗下产品所占市场份额达到 15% 以上，整体销量超过 450 万辆。

从产品研发角度而言，以一汽解放为例，我们力争在几年的时间内成长为自主品牌商用车的高端品牌，到 2020 年成为中国市场最具竞争力的自

与中国工程院李骏院士合影

主商用车品牌。通过"自主品牌向上"来牵引产品，定义产品需要的科技内涵。这一设想的达成，一方面需要通过市场、客户和企业发展战略的需求来考虑；另一方面要结合科技发展趋势来判定。

"十三五"发展期间，一汽集团定义的科技创新规划是"三化两高"。"三化"即低碳化、信息化和智能化。在低碳化方面，我们会不断地降低内燃机的油耗、降低汽车行驶阻力、减轻产品重量、采取先进的电控技术和信息化技术，比如在解放 J7 上配备 VCU 来进行路线、车流量、坡路的预测，可实现 3% 的节油率。

信息化则包括车内信息、车外信息、云三部分，目的是使汽车在未来成为移动信息平台。

在智能化方面，主要是通过智能化来解决车辆的安全问题和城市拥堵问题。

作为整车企业，《汽车产业中长期发展规划》所定下的发展目标和方向，以及具体的技术路线等，一汽集团已经将其中的很多指标融入产品和科技创新的规划路线中。

何伟：一汽集团的"十三五"规划可谓志存高远。中国有句古话，叫知行合一，知是行之始，行是知之成。说白了，就是"唱功"好还要"做功"强。为了达成和实践该目标，一汽集团有哪些举措，从哪些方面突破？

李骏：人只有蹲下去才能更好地站起来，企业只有做好了充分的准备才能实现跨越式发展。我们是一家具有悠久历史的大型汽车企业，是一个重量级选手。"十二五"以来，无论是人才、产品开发，还是核心技术的积累，我们都为下一步实现跨越式发展打下了扎实的基础。这也正是为什么一汽集团新任董事长徐平调整了战略部署后，产品和研发等立刻就能跟上的重要原因。例如在动力总成方面，我们为红旗品牌研发并制造了全系列发动机，包括 V6、V8 和 V6TD 等。

值得一提的是，我们还首次自主研发出 7 速双离合变速器，这不仅在一汽集团的历史上，在我国汽车工业的发展史上也具有里程碑式的意义。我们的 7 速双离合变速器无论是总体结构设计，还是电子控制设计，包括软件源代码，都是 100% 自主研发，而这有赖于我们在"十二五"期间大量的技术储备。

"十三五"期间，自主品牌，尤其是自主品牌乘用车的崛起仍将是我们的重点发展目标。我们将在客户感知、市场营销、产品质量、成本控制和技术提升等各方面全线发力。以红旗品牌为例，我们将全面丰富产品线，从 A 级车、B 级车到 C 级车，从传统燃油汽车到新能源汽车，从轿车到 SUV 等全覆盖，同时提升营销能力、扩展营销渠道。我深信，这将对客户形成非常大的吸引力。我坚信，在扎实的技术、人才和产品储备的基础上，2018～2019年，一汽集团的自主品牌乘用车将迎来爆发式增长。

我们正在将红旗品牌回归本位，将它定义为一个商品，而不是"贡品"。

何伟：此次参观，我们近距离接触并了解了一汽集团旗下的许多子品牌，包括红旗和解放，它们是一汽集团引领自主品牌向上走的具体载体和表现。在市场竞争日益激烈的将来，一汽集团旗下的这些子品牌将在自主品牌阵营中处于何种地位？特别是承载国人浓厚情感的红旗，如何实现重新崛起？

李骏：经过十多年的发展，自主品牌企业已经逐渐认识到，必须实现品牌向上。在迷茫了很长一段时间后，我们也认识到，为了抢占市场份额、争取利润，有时并没有把品牌做到客户的心里。在我看来，实现品牌向上和以客户需求为先的同时提升企业利润，才是自主品牌的发展正途。

可以说，经过长期探索，自主品牌乘用车基本迈上了良性发展的道路。一汽解放也是如此。目前，在商用车领域，一汽解放已经走在了自主品牌商用车探索和践行品牌向上的前列，今后也将继续对行业起到引领和带头的作用。

同样，红旗多年来也开展了许多扎实的工作，正在蓄势待发。作为一汽集团的"金字招牌"，红旗是不可多得的财富，品牌形象也非常优秀。但过去很长一段时间，红旗品牌在定位上忽略了乘用车作为生活资料的特性，从而未能在汽车市场取得更为理想的销量成绩。现在我们正在将红旗品牌回归本位，将它定义为一个商品，而不是"贡品"。红旗产品正在全线布局，争取实现跨越式的崛起。

一汽集团与东风集团共同之所以携手共建"前瞻共性技术创新中心"，是因为两家在新兴科技储备方面的薄弱和不足，前瞻共性技术的研发投入远远超出单一企业的承载能力。

何伟：2月17日，一汽集团与东风集团共同创建"前瞻共性技术创新中心"，双方就此签订了战略合作框架协议，成为业界的美谈。近阶段，一汽集团和东风集团的交流和互动变得越来越频繁，如今中国汽车行业两大"巨头"又在技术研发方面携手合作，成为加快核心技术能力构建和提升的一次重要实践。两大巨头合作，起因何在？

李骏：首先，汽车是一件比较复杂的商品，在很多人看来，它发展多年，已近夕阳，但在它身上，又配备了许多属于朝阳行业的创新科技。我认为，汽车是一个三角形的知识载体，三角形的底部是机械，最基层是机电一

参观一汽规划展厅

体化，再往上则是电动化，包括新能源汽车等。继续向上一层，则是信息物理的融合，目前的顶层是人工智能。三角形中下部的几层属于传统机械行业，但到了人工智能层面，传统汽车行业并不具备相关知识和技术，更遑论产品，由此也出现了谷歌和百度等互联网企业进军汽车行业。正因为一汽和东风在新兴科技储备方面的薄弱和不足，我们才决定携手，共同努力。

其次，单一整车企业独立研发创新科技投入的资金和人力非常巨大，只有两家一起，才能将成本摊薄，提高竞争力。纵览全球，越来越多的整车企业正在开展前瞻共性技术的联合攻关，这种合作不是迫于生计，而是因为研发方面的投入已经远远超出单一企业的承载能力。这也是此次一汽和东风展开技术创新合作的初衷，我们希望双方联手后能够真正在核心技术研发和创新方面达到1+1＞2的效果。

第三，虽然汽车企业间存在竞争，但在自动驾驶的技术储备和研发方面，双方都处在起步阶段，因此不存在竞争关系。基于以上三点，一汽集团和东风集团决定在前瞻和共性技术领域进行合作，并达成了多项共识。

双方共建的前瞻共性技术创新中心是一家高科技公司，具备法人资质，双方各进行了 50% 的投资，主要开发三方面产品：第一，智能网联领域的核心技术产品。例如，基于摄像和部分雷达的融合环境传感器，这在世界上尚属空白。第二，燃料电池。我们将开展全功率燃料电池发动机的研究，改变其只作为增程器的作用，将来在乘用车、商用车和火车等工具上都可以应用。第三，新型材料。例如碳纤维等。此外，我们正在构思，努力打造一个最具活力和竞争力的公司运行机制。

中国自主品牌电动汽车目前走在国际水平的前列。最近，我们为红旗 EV 研发出一款比功率超过 4 kW/kg 的电机，这在国际上可称为顶尖水平。

何伟： 诚然，我国自主品牌乘用车近几年不断向上发展，特别是今年呈现爆发式崛起，尤其是在新能源汽车领域，产品的技术水平不断提升。但我们也注意到，国外汽车企业的技术提升也非常迅速，就你的判断来看，我国自主品牌汽车技术水平与国外先进水平相比，差距是缩短了还是拉大了？

李骏： 总体上来看，差距是缩短了。如今，我们想造一辆车，自己动手就能造出来，这在十年前难以想象。当然，国外汽车企业也在向前发展，但不可否认的是，"十二五"期间，自主品牌追赶先进技术水平的速度超过差距拉大的速度。十年前，许多核心零部件技术自主品牌都没有掌握，如发动机和电控系统等，但现在我们都逐渐攻克了。

虽然技术看不见摸不着，但通过产品的性能指标，我们可以检验国内外技术水平的差距。有目共睹的是，自主品牌的产品质量并不比国外车企差很多。

另一方面，在智能化和信息化方面，我们的差距也不是太大。特斯拉等新能源汽车确实在续驶里程等方面表现得非常优秀，但国内自主品牌新能源汽车的续驶里程也在不断增加，包括插电式混合动力技术，国内也都推出了水平相当的同类产品。可以说，中国自主品牌的电动汽车目前走在国际水平的前列。最近，我们为红旗 EV 研发出一款比功率超过 4 kW/kg 的电机，这在国际上绝对可称为顶尖水平。所以，在我看来，无论是传统领域，还是新技术方面，我国自主汽车技术水平与国外先进水平之间的差距在迅速缩小。

汽车行业的自主创新所取得的进步和成绩一点也不比高铁差。

何伟：改革开放后，我们确立了"以市场换技术"的合资发展路径，效果并不好。然而，经过三十多年的发展，一方面，国内车企仍在追求和尝试在新能源汽车领域寻求和展开合资合作；另一方面，行业内针对合资股比放开也多有争议，应该如何看待这些现象？

李骏：我们不应该再以老眼光看待新能源汽车领域的合资合作。在我看来，这是一种商业模式的追逐行为，并不能证明我们相关技术的落后，这和过去以"市场换技术"的时代完全不一样。那个时候，我们没有核心技术，现在，通过一定时间的沉淀和努力，我们能够拥有相关技术。

另外，值得肯定的是，中国汽车市场的竞争相当充分，我们几乎可以在中国看到全世界的汽车品牌，在这样激烈的竞争环境中，自主品牌不仅生存了下来，还拥有了一定市场地位和稳固的市场份额，可以说，汽车行业在自主创新方面所取得的进步和成绩一点儿也不比高铁差。

对于合资股比，我个人的观点是，股比放开是大势所趋，但同时，一旦放开，也势必会对自主品牌汽车企业造成新的冲击。我们曾经在研究碳排放时对中国汽车市场作出过预测，研究结果表明，中国汽车市场到 2030 年，甚至 2035 年都将保持正增长。这样巨大而富有发展潜力的汽车市场，必然是资本角逐的重要阵地。股比放开就等于引进更多外资品牌，外资车企的话语权增强后，更多车型的引进也势在必行，这也就等同于在一定程度上稀释和冲淡了自主品牌的竞争力，从而使自主品牌的竞争环境更严峻、

参观一汽南方生产基地

竞争压力更大。

但我们总会迎来这一天，我认为股比放开议题的关键应在于自主品牌如何快速成长，做好应对更大外来挑战的准备。因此，找准放开的最佳时机才是最重要的。打个比方，如果将自主品牌汽车企业比作人，我们不能要求他在诞生之初就独立生存、自食其力，但同时他也有大学毕业、步入社会、自食其力的一天。对于汽车行业和政府相关部门来说，我们应该对此进行充分研讨，认真思考何时才是放开合资股比的最佳时机。

必须强调的还有两点。第一，在发挥产业宏观调控、把握产业发展大方向的过程中，政府相关部门在制定政策和方针时，应注意为企业预留充分的准备和适应时间。第二，即便是西方国家，他们也有一些保护本土产业的相关举措。因此，即便放开合资股比，我们也可以在开放竞争中对自主品牌汽车企业有所呵护。

针对急于想在新能源汽车领域开展合资合作的中国车企，我建议一定要算好账。新能源汽车目前的核心问题在于老百姓是不是真心愿意买和价格天花板如何突破。在这样的思路下开展投资和产出的计算，再作抉择。

【商业评论】

说不尽的一汽，道不完的红旗

反腐风暴过后，我们走进了中国一汽。厂区生机活现，很像所在城市的名字——长春。来到技术中心的车间，负责一汽技术研发的李骏院士见面的第一句话就让我们心头一震："红旗品牌即将全面崛起。"

因为是共和国"长子"，是行业"大哥"，中国一汽的一举一动都会引起业内的关注，甚至过度解读。这让集团宣传部的黄勇部长喜忧参半。素来低调的徐平董事长抱病接待我们，还是那么"固执"，聊什么都可以，就是不要落到媒体上。

改革开放以来，中国一汽一直存在于巨大的反差和矛盾中。成绩突出，问题同样也突出。忆过去光芒四射，业绩显赫；看现实难题重重，备感失落。机制僵化、自主乏力、"老大"自傲等问题也是明摆着的。对红旗的态度，爱之者如子，不许说半点不好；批评者视如敝屣，一无是处。

不错，中国一汽的发展的确不如有些车企快，中国一汽在自主品牌发展上的确是醒得早、起得晚，但批评者可能忽视了中国一汽的三大历史性贡献。第一，若论自主品牌，中国一汽是不折不扣的创始者、功勋元老。无论是乘用车的红旗，还是商用车的解放，这两个响当当的中国汽车品牌，凝聚着一汽人多少心血和汗水！第二，中国一汽至今仍是国民经济的一根支柱，他是最年长的车企，也是上缴国家利税最多的车企。每年贡献着几百亿元的利润、上千亿元的税收；仍是中国汽车行业综合实力最强的企业（不是之一），具有最全面的从产品设计、试制试验、工艺开发、材料研究直至工厂设计的国内一流能力。第三，中国一汽培养了大量的汽车人才和行业领导。当年的二汽（现东风汽车公司）主要由一汽包建，北汽、重汽、上汽很多领导出自一汽。现在业内两个最主要的科研检测机构：设在天津的中国汽车技术研究中心和设在重庆的中国汽车工程研究院，当初都是从一汽技术中心的前身——长春汽车研究所中分离设立的。

但是，功不抵过，中国一汽的问题也不容回避，甚至是横在一汽面前自身难以解决的世界级难题，譬如合资及合资依赖症。中国轿车从一个入世谈判最让人揪心的行业，变成一个发展最快、最具备全球化和市场化特征的产业，合资企业和自主品牌是哼哈二将。中国一汽向合资伙伴支付了昂贵的技术转让费，但一汽合资企业的同期利润是成倍回报的。有了一汽-大众和一汽丰田两个合资企业的利润奶牛，中国一汽才有力气向旗下自主品牌轿车事业投资。老厂长耿昭杰说过，当年引进奥迪，继而建立合资企业的目的，就是要学习世界先进技术，用于再造"红旗第二代"。但是，结果不尽如人意，自主品牌与合资品牌是中国汽车飞奔的双腿，但走着走着变成了一条腿粗，一条腿细。中国一汽可谓这一现象的缩影。如何把自主这条细腿变粗，成为一汽人的心病。

政经难分是中国一汽的体制瓶颈。红旗一出生，就贴上了政治标签，中国一汽是造车厂而不是公司，是政府的交通保障部而不是面向市场的企业。给政府造车还是给市场造车，一汽人一直徘徊不定。没有哪一家车企像中国一汽那样与共和国的命运贴得那么紧。中国没有哪一辆车像红旗那样与政治贴得那么近。一汽是副部级企业，一汽的老总们是企业家中的特殊群体，叫央企老总。他们的权力很大，大到管理几十万人；他们的权力又很小，小到甚至无法处置一个吊儿郎当的员工；他们必须要创新，但又不能有哪怕是一次的失误；他们要像企业家那样拼命种树，却不可以像企业家那样支配果实；他们不能像民营企业家那样可以心无旁骛地干一辈子，因为他们说不定哪天就换岗了。

说到这里，就不难理解，他们为何总是在众声喧哗中选择沉默，为何总是在刨根问底的追问中闪烁其词，为何总是在庆功宴上选择低调。有些委屈无处倾诉，有些困惑无法言说，欲说还休，却道天凉好个秋。

7月15日，中国一汽悄悄度过了自己64岁的生日。没有盛典，没有盛宴，没请宾客。但一汽在悄悄蜕变。给企业去包袱，让一汽回归企业的本位，让红旗从贡品回归到商品的本色。一位诗人在《我们的红旗我们的梦》中写道："寂寞的付出，未必见得到繁华，情感的寄托，取代不了市场的严酷。当改革带来了暂时的剧痛，我们沉默；我们在沉默中凝聚力量，相信红旗，相信自己。"

走下神坛，王者归来。说不尽的一汽，道不完的红旗，接下来让我们看看，红旗品牌将何时崛起如何崛起。

吉利控股董事长李书福

渴望竞争的李书福

访谈主持： 何伟

访谈嘉宾： 浙江吉利控股集团董事长　李书福

"20200 战略"志在让吉利率先跻身全球汽车企业前十强。

何伟： 媒体常常诘问，中国如此巨大的市场，加入 WTO 快 20 年了，居然还没有孵化出一个能够立足国际的中国品牌。最近国家公布了《汽车产业中长期发展规划》，提出了跻身世界十强的目标任务，对这一要求吉利有何想法？吉利汽车制定了哪些与中长期发展战略或规划？

李书福：《汽车产业中长期发展规划》核心要义就是要做大做强中国品牌汽车，培育具有国际竞争力的企业集团，实现由汽车大国向汽车强国转变。路线上要以"一带一路"建设为契机，以新能源汽车和智能网联汽车为突破口，引领整个产业转型升级。

这与吉利的发展战略是不谋而合的。吉利汽车在去年公布了"20200 战略"，即到 2020 年实现年产销 200 万辆目标，进入全球汽车企业前十强，成为最具竞争力并且受人尊敬的中国汽车品牌。我们将以安全、健康、新能源、互联网和自动驾驶作为企业发展的战略方向，全面布局，彻底转型，使我们的企业成为引领技术潮流和满足市场需求的新型汽车公司。

采访吉利集团董事长李书福

　　在新能源汽车领域，吉利汽车部署了"蓝色吉利行动"，目标是：实现到 2020 年新能源汽车销量占吉利整体销量 90% 以上，新能源技术、智能化、轻量化技术在行业处于领先地位两大目标。吉利控股集团对于冰岛碳循环国际公司的投资也将持续推进甲醇技术和产品研发，为环境改善作出贡献。

　　另外，我们 5 月 10 日发布的吉利汽车技术品牌"iNTEC 人性化智驾科技"，用智能驱动、智能安全、智能驾驶、智能互联、智能健康五大技术板块，打造人·车·科技的智慧互联关系，将为出行生活带来更智能、高效、人性的体验。

　　我们现在的汽车跟韩国车比起来，我认为是绰绰有余，无论是技术、质量、价格、服务，和日本车也没有太大的区别。自主与合资已成竞争态势，我们现在对标的是国际高端品牌。

　　何伟： 前有出奇收购沃尔沃，今又逆袭收购宝腾，靠伦敦黑帽子进入英国，更宣布领克要首攻欧美，吉利的国际化发展打出了一副副好牌。在国内高歌猛进的同时，也在国际化上加倍努力，吉利是按着怎样的海外战略规划推进的？

李书福：吉利汽车现在的工作重点是，首先在中国市场要站稳脚跟，占领更大比例的中国汽车市场份额，然后再把工作的重点引向海外。

海外市场的建设主要有沃尔沃汽车、伦敦出租车，同时吉利汽车旗下的领克作为欧洲研发、欧洲设计、全球制造、全球销售的高端品牌，将凭借世界领先的造型设计、产品品质、互联网和新能源技术，以及独特的商业模式，与全球主流汽车品牌进行直接竞争，推动吉利汽车集团开辟新的细分市场，并进入发达国家市场。

海外并购的真正难点是文化、价值观的不同，这是决定融合能否成功的关键。中国企业"走出去"，可以通过并购来达到，但是不能把并购作为中国企业"走出去"的唯一道路。

何伟：对于目前自主品牌的发展，你认为我们与主流合资品牌的差距还有多大？能在哪些方面尽量缩小与外资的差距？

李书福：自主品牌近几年开始有了很大改观。首先在外形上，中国品牌的主力部队在外形设计方面已经极大拉近了与合资品牌的差距，少数品牌甚至已经可以与合资并驾齐驱。其次，最重要的一些核心技术自主品牌基本都已经掌握，比如涡轮增压、可变气门正时、缸内直喷、轻质材料等技术。而在生产工艺上，也拥有了与合资品牌一样的生产设备，掌握了生产高品质汽车的技巧。

传统汽车公司和互联网汽车公司有相互较劲的一面，更有相互渗透、相互融合的一面，吉利控股集团已经在积极探索推进跨界合作。

何伟：科技力量正在推动汽车工业朝着更加智能化的方向发展。未来的

10～15 年，新技术将不断沉淀、优化并最终定型。其间所产生的影响可能相当于过去汽车工业发展的一百多年，将决定世界汽车工业未来的走向。你认为在这场变革中，全球汽车产业格局将怎样变化？中国汽车产业又将在其中扮演什么角色？吉利汽车的布局和动作是什么？

李书福：未来产业将趋向于无边界，跨界合作将为汽车行业带来巨大的新机遇。传统汽车公司和互联网汽车公司虽然有相互较劲的一面，但是更准确地讲双方将相互影响、相互渗透、相互融合，最终的目标都是使汽车更加智能化、电动化、轻量化。汽车的本质不会改变，它是一个以硬件为基础的出行工具，软件会让硬件如虎添翼，给汽车的内涵和外延带来翻天覆地的变化。

吉利控股集团已经在积极探索新模式、开辟新路径，推进跨界合作。以吉利控股集团旗下的沃尔沃为例，我们提出了把技术剥离出来进行合资的全新合作模式，与全世界最大的安全技术公司奥特利夫进行合作。奥特利夫出资金，沃尔沃出技术，双方各占 50% 的股份，共同开发沃尔沃完全无人驾驶技术，然后通过奥特利夫为全世界其他汽车公司提供服务，实现双赢。另一个例子是沃尔沃与 Uber 在开发自动驾驶汽车领域的合作。沃尔沃将提供基础车型，由 Uber 根据打车服务的具体需求安装自有的无人驾驶控制系统。而沃尔沃将在研发自动驾驶汽车时使用相同的车型。

何伟：汽车产业在智能网联化转型的过程中，特别需要注意什么问题？

李书福：汽车是给人坐的，人命关天，安全怎么强调都不过分，尤其是在自动驾驶技术不断演进发展的背景下。因此，围绕汽车主动安全和被动安全的各种技术仍将是汽车的根本。沃尔沃研究自动驾驶十多年来从没有停止过前进的脚步。在没有研发完全自动驾驶时，沃尔沃的安全目标就是实现零伤亡、零事故。随着技术的不断发展，沃尔沃也开始朝着完全无人驾驶的方向进行规划和努力。

新能源汽车产业发展还是要靠产品本身的竞争，我不赞成什么都想让政府给支持、给补贴，什么都依赖政府的做法。

何伟：目前，我国新能源汽车产业发展的核心问题是什么？

李书福：首先，新能源汽车在我国的发展是建立在我国对能源安全和环境保护的战略需求之上的，被确定为国家发展战略。从市场层面看，中国有望成为世界上最大的新能源汽车市场。中国的新能源汽车市场是一个多元化的市场，其增长重点不局限于私人消费，在城市物流车、城市出租车及租赁领域，市场前景都很广阔。

另外，新能源汽车产业发展还是靠产品本身的竞争，靠技术、品质、服务、质量各方面来竞争，我不赞成什么都想让政府给支持、给补贴，什么都依赖政府的做法。

请放开股比，让我们和外资正面交火。

何伟：你一直赞成股比放开，曾说这样汽车行业才能有一个公平的竞争环境。现在《汽车产业中长期发展规划》中谈到"有序放开合资企业股比限制"，我们该如何理解"有序"二字？在当前的市场竞争态势之下，如果股比放开，会给自主品牌带来什么机遇或挑战？

李书福：股比放开是市场自由化的必然趋势，意味着中国品牌走向全面市场化竞争，行业分化愈加明显，优质企业将脱颖而出。中国汽车业需要提升创新能力，只有公平竞争、相互合作，才能真正强身健体，与德系车、美系车、日系车较量，才有机会实现汽车强国。

何伟：你如何看待国内的汽车产业发展环境？如何看待中国品牌当前与外资品牌的竞争与合作？

李书福：汽车产业是技术高度密集的消费品产业。这就要求汽车企业必须要有核心技术及可持续的研发能力，并且能够前瞻性地了解消费者的需求，打造出适合市场的产品和服务，才能在激烈的全球竞争中存活、发展。

有些公司善于炒作，没有具体可行的方案和产品规划，有些甚至意在资本市场上圈钱，搞不成，最后拍拍屁股溜之大吉。

何伟：现在，进入汽车行业的新势力更多了，新创品牌也不少。你本身就是汽车创业者，虽然距离吉利初创已经过去了20年，但你当年的创业故事仍在江湖上流传。同时，领克也是一个新创汽车品牌，你依然算是个正在创业的人。你如何看待这一波汽车创业潮？

李书福：大家都可以参与，国家对汽车应该要放开，要像美国一样，大家都可以造。汽车和其他行业一样，都是工业产品。但是，不能保证100%成功，中国已经有那么多家汽车公司，它一定有一个变化的过程、淘汰的过程，新的进来了，老的淘汰出局了，这都完全有可能。

何伟：你是否也如很多资历颇深的汽车业内人一样，认为这些新进入者把汽车看得太简单，不靠谱？

李书福：有梦想值得鼓励，"中国梦"需要这样的人积极参与，但对于汽车工业来讲，不光需要有梦想，更需要实干。我担忧的是，有些公司善于炒作，没有具体可行方案和产品规划，有些甚至意在资本市场圈钱，最后搞不成，拍拍屁股溜之大吉。

一些互联网公司和搞实业的公司思维方式不一样，他们是互联网思维，我们是做实业的思维。互联网的思维叫迭代研发，迭代推广。快、快、快，能用马上就拿出去卖，不行，明天马上改。汽车公司的思维不是这样，必须确保产品安全，这是前提。经过反复试验、大量研究、翻来覆去认证以后继续试验，确保安全的前提下才可以变成商品让用户使用。这就是两种不同的企业背景所做出的不同商业决定。

何伟：对于新创者，最需要提醒他们注意的是什么？

李书福：首先，创业的人，要始终保持一颗真诚的心，要始终具备信守承诺、说到做到的精神，这是中、西方商业文明的精髓。其次，在创业过程中，要始终保持一颗平常心，要有足够的承受能力去面对委屈和挑战。第三，创业的人，无论成功与否，都要心怀感恩。最后，创业者要积极承担社会责任，要让自己的追求融入行业，做到受人尊敬；要充分考虑和呼应各利益相关方的诉求，充分体现依法、公平、透明和相互尊重的企业治理理念。

吉利的成长经历了从无到有、从小到大、从大到强的历程，在实践中我们深刻理解了品牌建设对企业持续发展的重要意义。品牌不是凭空而来的，品牌也不是虚无缥缈的，而是很实在的一种价值体现，品牌的本质是消费者的认可度、喜好度，更是产品技术、产品质量、产品服务和用户体验的认可。一个有影响力的品牌可以引领不同的时代消费潮流。
不要过度依赖虚拟经济，否则会对国家经济造成伤害。

何伟：当前，国内经济领域有一些关于民营企业发展环境堪忧、导致一些企业向海外"转移"的讨论。从吉利的发展情况看，你对当前国内民营企业的发展环境是否满意？

李书福：我国经济经过 30 多年的高速增长，现在已经进入了增长速度放缓的新常态。经济运行还是缓中趋稳、稳中向好的。

从国内的角度来看，目前，实体经济的发展非常艰难，尤其是很多中小企业面临融资问题、员工待遇问题等诸多需要解决的问题。实体经济必须是

参观吉利春晓基地

发展主体，实体企业要把信息技术、网络技术纳入进来，但要搞清楚主体。虚拟经济是需要的，但需要和实体经济实现有效结合。不要过度地依赖虚拟经济，否则会对国家经济造成伤害。

随着《中国制造2025》的深入实施，我国的制造业需要将智能制造作为主攻方向，推动中国制造向中高端迈进。汽车行业作为制造业的重要代表之一，现在，还存在高端技术领域的创新能力不足、产业链发展亟待优化等问题，需要积极实施智能制造，发展新技术、新业态和新模式，从而加快和加深产业的转型升级。
澄清公众对甲醇的认识误区，让甲醇汽车快些跑起来。

何伟：在今年的全国"两会"上，关于大力发展甲醇汽车的议案引起关注。你认为在甲醇汽车的产业进化过程中，政府应该扮演什么角色？

　　李书福：希望政府能够尽快推动甲醇汽车在全国的市场化运行。建议在甲醇汽车发展初期，国家给予相关扶持政策，完善基础配套设施、创建有关推广和市场化的制度和标准等，加速推进甲醇汽车市场化进程。建议将甲醇这一基础性的化工原料列入国家的战略性替代能源名单中，提供相应的税费优惠，促进甲醇燃料充分发挥出替代优势，帮助我国实现交通能源的可持续发展；做好科普工作，澄清公众对甲醇的认识误区。

【商业评论】

吉利"秘籍"再探

　　我和李书福面晤并不多，但每次聊天都很有料。他快人快语，用略带浙南口音的普通话，笑眯眯地表达严肃而又敏感的重大话题，大胆并富有轰动性。前几年他就夸下海口，不出10年吉利就会跻身世界十强。那时的吉利，不要说国际，就是国内，论销量也还在十强之外，我当作耳旁风一听了之，孰料权威数据显示，今年迄今，吉利销量排名已经晋级世界第十三位，马上冲到十强的门口了。去年底一次聊天，他预言一家互联网造车明星企业，不出两年就会关门，当时我满腹狐疑，怎么会？因为这家企业风头正劲，大批英才加盟，大把大把投钱。结果，前不久，这家企业曝出危机，似是真的玩不下去了。李书福不是能掐会算的占星师，但他的预言往往比时下一些业内的专家权威精准得多。

　　这两年吉利品牌开始发力，李书福开始从媒体视野中隐退，基本谢绝各类媒体关于个人的访谈。内部人士透露，李董想让副职多到前台曝光，让业务骨干多讲讲。这固然没错，但媒体还是愿意多听李书福说，因为他有一针见血、语惊四座的语言能力和轰动效应。

　　在我看来，吉利的快速崛起，因素众多。在去年的访谈中，我提炼其光可鉴人的启示有 3 条：有个好企业家、好机制、好老师，是自主汽车班里优秀的"三好学生"。一年后的今天，我们"中国品牌巡礼"报道组走进吉利，我觉得还应该补充 3 条。

一是吉利是中国最接近市场经济规则的车企，从身份机制到管理运行，乃至文化价值，都是市场经济的模范生。同行眼中的高难动作，李书福似乎很轻松就完成了，譬如收购沃尔沃、宝腾。同样的决策为什么别人做就错而吉利做总是正确的？其实，答案在于吉利对市场经济的法则充满敬畏。还有什么方法比市场经济配置资源的效率更好呢？如果说吉利有什么秘籍，这就是秘籍；如果说李书福有什么法术，这就是法术。如果说吉利有曲折，也折射出市场经济在我国发育过程的曲折。

二是吉利干自主是豁出命来真干，不搞假摔，不踢假球，要面子更要里子，唱功好做功更好，因为不真干没有活路、退路。李书福自称是敢死队，都说干自主是自讨苦吃活受罪，李书福不信这个邪，再三恳求审批部门，给他一个失败的机会。业界对吉利的认知态度，基本是从轻视——正视——重视的轨迹演变的。吉利的早期产品被视为歪瓜裂枣，今天则是登堂入室，这条品牌向上之路是吉利拼出来的，石头缝里钻出来的，可谓自主成吉利成，自主败吉利败，别无选择。

此外，吉利的运气真是不错，赶上了好时候，少走了许多弯路。运气也是一种不太好说清楚的要素。这些年，吉利的神奇在于总能适应市场难以捉摸的习性，踩上变幻不定的发展节拍。手中的牌不咋样，却能集万千宠爱于一身，进入怎么打怎么有的境界，可谓天助自助者。

现在，没人再看不起草根吉利了，没人再说李书福不懂车了，甚至热议吉利是最有可能跻身世界车企十强的中国企业。理由也简单，世界十强车企首先是按照市场经济的逻辑运行的企业，从这一维度衡量，吉利是最接近的。10 年之内中国自主汽车企业里一定会产生出世界级的汽车公司，也必然会创造出世界一流的汽车品牌。吉利当仁不让，明白自己的历史使命，实时发布了"20200 战略"。

基于以上三点，在冲刺世界十强的中国选手中，我们更看好吉利。

我们的访谈，实际是聊天，约在了宁波杭州湾新区——一座在滩涂上建起的汽车城。吉利在这里举办了炫酷的研发中心启用仪式，吉利把全球研发总部设在这里。是日，和风惠畅，群贤毕至，大小媒体500多家，围观吉利发布的"iNTEC人性化智驾科技"技术品牌。吉利是站在巨人的肩膀上发展的，现在，他要证明自己就是巨人。来宾们纷纷赞叹吉利的技术实力，李书福却对我说："真希望政府放开股比，让我们与外资企业展开正面竞争。"

吉利成功了吗？现在下结论尚早，但是，如果把李书福和吉利的价值理解为几款自主车，实在是小瞧了。他的价值在于为中国汽车行业树立起另一个标杆，像鲶鱼一样激活汽车行业的整体，功莫大焉。

从当初的草根，到今日的主力军，阅读这一幕幕颇具传奇的成长史，我忽发奇想：中国汽车产业如果没有了李书福，今天会是怎样的一番景象？

我们相约明年继续煮酒论英豪。

吉利控股董事长李书福
我是坚定的市场派

访谈主持： 何伟

访谈嘉宾： 浙江吉利控股集团董事长　李书福

> "一个更开放的汽车工业，将为中国汽车的下一步发展带来更多挑战的同时也带来更多机遇，在这之中成长起来的中国汽车企业，才真正有资格获得国际参赛权。"

何伟： 很高兴与书福董事长一起参加"一带一路"媒体峰会。今年是改革开放40周年，40年来，中国各行各业取得了举世瞩目的发展成就，涌现了一批包括吉利集团在内的优秀企业。中国在全球经济中发挥的作用越来越重要，中国企业在国际化市场竞争中也赢得了越来越多的尊重。现在，人们说起中国汽车产业，必言及吉利，无论是在市场规模方面，还是在品牌向上方面，吉利的行动令人刮目，成就了"吉利速度""吉利现象"。作为创始人、领军者，你对现在的吉利满意吗？你怎样评价30多年来吉利所取得的成绩？

李书福： 改革开放40年来，中国经济发展的浪潮经历了数次大的飞跃。吉利白手起家，摸索出一条具有中国特色的独特发展道路。吉利的汽车梦是与中国改革开放并实现飞速发展的时代背景紧密结合的，也是中国民营企业

与吉利集团董事长李书福对话

随着改革开放的过程，在产业和消费升级的过程中不断尝试、创造、反省、革新这一历程的缩影。

  吉利集团在 32 年的发展历程中受益于国家政策的不断完善以及对外开放的持续发展。作为制造企业，吉利从设计研发、建厂、生产、销售、国际国内市场发展，方方面面感受到政策支持对于自主品牌的重要性。吉利在 1997 年进入汽车领域，当时中国汽车市场每年才几十万辆，私家车市场刚刚起步，还没有民营企业造车的先例，也很难取得造车资质。2001 年 11 月，我们成为中国首家获得轿车生产资格的民营企业。我们经历了坎坷起伏，但在自主研发、生产销售、战略转型和全球化过程中，始终专注实业、修炼内功、一步一个脚印。吉利控股集团经历 32 年蓬勃发展，已连续 7 年位列世界 500 强。吉利能走到今天，我们无比感恩改革开放的伟大政策，感恩政府逐渐开放汽车产业、允许民营资本进入汽车产业、支持民营经济发展的政策。

吉利的发展史就是创新创业、大胆实践、不断转型升级的成长史，就是不断为用户带来获得感的奋斗史。吉利在自身发展过程中还带动了大量产业链上下游企业的发展，提高了中国本土汽车零部件企业的同步研发能力，影响与推动了成千上万个实体企业坚定地持续投入，顽强地生存与发展。

我们的征程刚开始，还有很长的路要走。吉利会不忘初心、砥砺前行，继续专注实体经济的发展，坚持全球化的发展道路，持续为用户带来获得感，回报各界关心、推动社会进步。

何伟：作为一位杰出的民营企业家，你近期在公开演讲中说的一句话给我印象挺深刻，你说，"我不是狭隘的民族主义者，我是开放的全球主义者。我支持全球自由贸易，反对贸易保护主义。我支持中国汽车工业更加开放，鼓励中国汽车更好地走向世界"。当然，这并不是你第一次表达类似的想法。在过去的很多年，每当汽车行业内就"是否进一步开放"产生争论的时候，你始终坚定地站在开放的一边。我想知道为什么。你不怕所谓的"狼来了"吗？

李书福：首先，公平透明的市场环境是民营经济和中国汽车工业发展的土壤。吉利是市场开放的直接受益者，没有改革开放，没有国家开放民营资本进入汽车领域，就没有吉利的今天。吉利将一直支持市场开放和公平竞争。

第二，吉利更是全球化的直接受益者。吉利从踏入汽车制造业起，就深深懂得，制造业是立国之本、兴国之器、强国之基。一个自主的、强大的、具有国际竞争力的制造业是现代化强国的重要标志，汽车制造业责无旁贷。在新的时代背景下，中国市场不能解决汽车工业面临的各种挑战，需要超越国界考虑问题，更要积极参与国际竞争与合作。吉利控股集团始终坚持以全球化的视角发展，满足不断提升并且多样化的消费者需求。

2010年，我们从福特汽车手中收购了沃尔沃汽车。沃尔沃汽车和吉利汽车互相支持帮助、资源互补，在集团内部形成了良好的全球协同效应，这对于吉利控股集团今天取得的成绩至关重要。通过长期探索，我们已经从当初单一产品贸易"走出去"的思维转变为产品、技术、人才、标准与资本共同输出的产业战略布局。2017年，我们入股马来西亚宝腾汽车，并全面负责运营管理，也成为英国路特斯跑车的控股股东，我们要帮助这两个品牌重现往日生机。吉利正以稳健的脚步，布局全球，并参与全球竞争，向世界展示一个全新的吉利形象。

汽车关税下降、合资股比调整等政策，意味着我们将迎来更开放的汽车工业。这让我感到兴奋。我是一个坚定的市场派，我完全鼓励与支持公平竞争，坚决反对特权与贸易保护主义。一个更开放的汽车工业，将为中国汽车的下一步发展带来更多挑战的同时也带来更多机遇，在这之中生长起来的中国汽车企业，才真正有资格获得国际参赛权。

何伟：过去40年的开放带给中国汽车产业的影响有哪些？当前国内外经济、贸易形势的复杂多变，给汽车行业增添哪些变数？

李书福：经历改革开放40年，中国汽车市场的变化翻天覆地，从老百姓买不起汽车，到如今很多家庭已经拥有第二辆私家车；从民营企业不能造车，到如今包括吉利在内的民营汽车企业年销量突破百万辆……中国汽车产业在坎坷中逐渐发展壮大。从销量来看，2009年，中国汽车销量首次超过美国，成为世界最大新车市场；到2017年，中国汽车市场已经连续九年蝉联全球第一。中国已经成为全球汽车企业的兵家必争之地，车企在中国市场交出的答卷将在很大程度上决定单个企业乃至整个汽车工业的未来。

除了销量上的爆炸性增长，中国汽车产业还有以下两点显著提升：

一是中国车企加快参与国际化进程与研发竞争。

在"一带一路"倡议和"走出去"战略的支持和指引下，中国车企在国际化的过程中越来越成熟，逐渐从以资金换技术，升级到向外输出技术和管理。

在研发方面，包括吉利在内的中国车企均已经在海外设立研发、设计中心。目前，吉利完成了全球五大研发中心和五大造型中心的布局，研发设计人员超两万人。海外研发中心的设立吸引了全球人才资源，有益于整合全球资源，提升中国汽车品牌的自身实力以及整体形象。

二是中国品牌逐渐向高端化布局。

当下，中国品牌整体都在积极向高端领域布局，自主高端品牌如雨后春笋，形成了中国品牌高端化的新阵营。这反映出中国汽车市场的消费主力对汽车不断进化的需求，以及自主品牌越来越强的综合实力。

中国改革开放 40 年的实践与发展证明了社会主义集中力量办大事的制度优越性；汽车行业的新风貌、新变化再次证明了改革开放创新探索的时代必要性；证明了竞争、合作、团结友善、包容发展的成长规律性；证明了正气向上、心态积极的成功必然性。

"为了主动抓住机遇，我们必须刷新思维方式，与朋友和伙伴联合，通过协同与分享来占领技术制高点。"

何伟：8 年前，吉利以一场"蛇吞象"的好戏收购了沃尔沃。今年，吉利又通过收购 9.69% 股份，成为戴姆勒公司最大股东。大家都很好奇，吉利是怎么做到的？这些年从沃尔沃那里，吉利学到了什么？入股戴姆勒，又有怎样的深远打算？从战略角度，戴姆勒与吉利、沃尔沃三者将产生怎样的协同效应？

李书福：2010 年，吉利成功收购沃尔沃汽车，是全球化进程中的关键一步。

多年来，吉利与沃尔沃形成了良好的全球协同效应。例如，在技术方面，沃尔沃的协同效应为吉利汽车的技术创新注入全球化的视野和标准。2013 年，吉利欧洲研发中心（CEVT）成立，吉利汽车与沃尔沃联合开发基础模块化架构 CMA，在全球具有领先的技术优势。

双方的协同还诞生了一个新品牌——吉利控股集团、吉利汽车集团与沃尔沃汽车合资成立的领克，这是欧洲技术、欧洲设计、全球制造、全球销售的高端汽车品牌，代表"中国制造"融入全球价值链，迈向中高端。

21 世纪的全球汽车行业面临巨大创新机遇，也面临来自非汽车行业公司的挑战，各个汽车企业单打独斗很难赢得这场战争。为了主动抓住机遇，我们必须刷新思维方式，与朋友和伙伴联合，通过协同与分享来占领技术制高点。对戴姆勒的投资正是出于这种战略思考。

2018年10月，戴姆勒出行服务有限责任公司与吉利控股集团管理的吉利集团（新业务）有限公司宣布，双方将在华组建合资公司，提供高端专车出行服务。该合资公司计划在中国的部分城市提供高端专车出行服务，使用高端车型将包括但不限于梅赛德斯-奔驰品牌。初期车型包括梅赛德斯-奔驰S级和E级轿车、V级豪华多功能车以及梅赛德斯-迈巴赫轿车，未来也将使用吉利集团旗下高端纯电动车型。

何伟：这是否意味着，移动出行服务商将是未来车企的转型方向？

李书福：移动出行服务是未来出行领域的一个新领域。吉利控股集团于2015年就战略投资了新能源汽车共享出行服务平台曹操专车，我们是中国首家进军这一市场的汽车制造商。此次和戴姆勒强强联合成立合资公司，是吉利由汽车制造商向全球汽车科技集团转型的关键举措。

当然，移动出行服务不是未来出行唯一的领域，我们对前沿出行方式的探索远不止于此。因为每一个前瞻性的行业技术，都会引领明天的行业发展，比如自动驾驶、飞行汽车。今年7月，我们与腾讯公司共同组建了国铁吉讯科技有限公司，将负责动车组Wi-Fi平台建设和经营，进一步探索线上线下协同的出行服务，布局未来出行。吉利将充分利用自身在交通出行领域、智能生态和用户体验方面积累的经验，协同合作伙伴，充分融合铁路网、互联网和海、陆、空交通网，致力于打造全球融合出行的互联网科技公司，让每一位旅客都能享受一体化、线上线下协同的一站式智慧便捷出行服务。

何伟：你曾经做过一个预测，未来世界传统汽车行业只有3～5家企业能活下来。为何会做出如此判断？如果说传统汽车行业只有少数几家能活，那么，众多新加入者的机会在哪里？

李书福：汽车产业是制造业之王，21世纪是科技革命、产业变革、商业重塑的世纪。

平台经济是大势所趋，打造共享数字平台，形成线上优势，才是决胜未来的关键。高连接性、高稳定性的数字网络系统一旦形成，全球汽车将链接在这个系统上，今后的汽车将是线上线下高度融合的智能空间移动终端。

无论是吉利控股集团还是行业新加入者，都要时刻保持清醒的头脑，认准方向，明白问题的本质，脚踏实地，在创新研发、人才培养方面继续加大投入；在能源可再生利用、汽车电动化技术、线上数字科技及车载芯片研发等方面有所作为，才能为汽车产业可持续发展、为用户的智能出行体验积极贡献力量。

"核心技术是用钱买不来的，而且会越买越被动、越用越依赖，必须自己研发，持续创新，迭代发展。"

何伟：今年以来，我国新车市场销量增速放缓，有分析称负增长已成定局。对此你怎么看？

李书福：目前，中国汽车市场已进入从高速发展向高质量发展的转型期。在未来的很多年，中国依然会是全世界最大的汽车市场，是各大车企的兵家必争之地。随着中国汽车消费者越来越成熟以及出行领域的不断拓展，还有很多潜力可以去挖掘。

市场有挑战，但更多的是机遇。疾风知劲草，唯有实力才能见真章。对吉利来说，要始终秉承以用户为导向、以市场为导向，为用户提供超出期待的产品和服务。用户满意度将成为存量市场竞争决胜的关键，良好的用户体验，是我们一切工作的出发点和归宿。

何伟：连续9年新车销量第一、连续3年新能源汽车产销首位，这是值得骄傲的成绩。但不能忽视的是，我国汽车产业核心技术缺失的问题依旧突出。有人提出"弯道超车""换道超车"的理论，你认为可行吗？在以电动化、智能化、网联化、共享化为变革目标的背景下，我们怎样才能尽快形成全产业链竞争优势?

李书福:虽然我国已经成为具有世界影响力的汽车市场,我国汽车产业发展也有了长足进步,但客观公正地分析中国汽车业,就会发现,短板确实存在,如果不加以弥补,不尽快形成中国汽车全产业链竞争优势,世界第一大汽车市场的中国,就会继续被全球各国汽车品牌瓜分,我们的被动局面将会继续存在下去。

中国是全球第一大新车产销国,汽车的命运必须掌握在自己的手中,这也是一种责任和担当。核心技术是用钱买不来的,而且会越买越被动,越用越依赖,必须自己研发,持续创新,迭代发展。这是我们的当务之急。

在"新四化"背景下,我认为相关行业里各个环节的参与者,应该齐心协力,从以下几个方面着手:

首先,车企要不遗余力地投入科技创新、坚持自主研发和高质量发展。吉利从零起步进入汽车行业,一没资金优势,二没技术优势,三没人才优势,但我们坚守实业,一步一个脚印,凭借持续创新引领发展到今天。吉利通过持续性研发投入,确保形成世界一流技术研发体系和技术原创能力,培养高素质研发和技术人才队伍。我们过去几年的研发投入占比远高于行业平均水平。现在的吉利,在全球有超两万名研发设计人员,每年投入数百亿研发费用,在自己确立的技术路线上坚定地持续投入。能力是用钱买不来的,只有通过自己的努力学习,刻苦锻炼,投入新兴技术,才能掌握真本领,才能面对各种挑战,引领行业变革。

第二,车企要积极"走出去",融入全球,同时建设符合国际水准的企业合规制度,在上下游产业链的合规制度建设、员工合法权益保护、增加更多就业岗位等方面有所作为,要在这一前提下,获得国际参赛权,更好地参与国际竞争,实现全球化。中国民营企业在海外发展,不仅仅代表了企业自身,也事关中国的公民形象、国家形象,没有合规就没有企业的可持续发展,没有企业声誉和国际信任。我在多个场合都强调吉利对合规的重视,我也一直呼吁,民营企业应该更加注重在公开透明、公平的竞争环境里开展充分的市场竞争,并且要到国际舞台上去参与竞争,这样存活下来的企业才是真正有竞争力的企业，才能进入全球供应链的中高端。

同时，汽车也是全球性产业，国内汽车公司应该与全球汽车同行携手合作，广泛联合，尤其在一些基础理论研究、基础架构研发方面寻求共同机会，降低成本，提高效率，扩大使用规模，减少风险。

第三，车企本身、上下游产业链参与者、行业协会和政府部门等，要联合起来推进行业法律法规的制定和优化。汽车产业链很长，协同创新，包容发展，强强联合，优势互补，都是提高竞争力的有效途径。

例如，智能网联汽车的关键是智能，本质是汽车，特点是通信基础设施网联化，前提是确保交通安全顺畅高效率。要实现以上目标，必须关注信息安全与隐私保护、漏洞发现与应急补救、行车安全与恶意控制、网络边界与系统自主。其中操作系统是智能网联汽车的核心部件，也是整部汽车的大脑，所有应用程序都在操作系统上运行，操作系统的健壮性、安全性是决定智能网联汽车命运的关键。对国家和用户而言，安全与隐私保护是第一诉求。

第四，创新能力建设的关键是教育体制改革，根本出路是教育竞争力的提升，以及创新人才培养环境竞争力的形成。只有通过真正意义上的市场化的产学研结合，才能培养出适合市场竞争的人才。人是创造世界、改变世界的关键因素，为人才成长营造良好环境，为人才发展提供足够空间，是创新驱动、务实发展的最有效保证。吉利作为一家中国的汽车公司，我们必须在创新研发方面走出坚实步伐，在人才培养方面大胆投入，宽容失败，鼓励探索。

"资本运作的目的一定是为投资实业、支持实业更好发展。我来自实业，一辈子没有离开过实业，对实业充满感情，更一直怀有实业报国的志向。"

何伟：从资本市场的角度，我们了解到两个比较普遍的观点。一是传统车企发展新能源车，无论是吉利还是欧美大型车企，总免不了担心"左手打右手"，影响已有畅销车型。吉利规划 2020 年 90% 都是新能源车，对此我

在吉利博瑞春晓生产基地

们如何平衡这一矛盾？二是境外资本机构投资比较谨慎，没有盈利很难获得认可。吉利上市多年市值没有明显增长，直至 2016 年到 2017 年迅速增长 10 倍。无论是投资沃尔沃、戴姆勒还是其他各种融资，吉利在发展过程中运用了许多资本市场资源，请你总结下吉利在实业和资本之间的经营之道。

李书福：习总书记曾强调，发展新能源汽车是中国从汽车大国迈向汽车强国的必由之路。当前，新能源和电气化已经成为全球汽车行业的主旋律，中国在这条道路上走得十分坚定。

吉利在新能源领域是行动派，不是理论家。自 2015 年发布"蓝色吉利行动"以来，吉利一直脚踏实地行动，探索满足用户需求的四大新能源化技术路径，涵盖纯电技术、混动技术、替代燃料以及氢燃料电池技术。

基于此，今年 5 月，吉利汽车发布"智擎"新能源动力系统，宣告吉利汽车全面迈入新能源汽车时代。未来 3 年，吉利汽车将推出 30 多款新能源和节能车型。

新能源汽车时代的竞争，实则是一场技术战。吉利汽车以每年远高于行业标准投入研发，通过与沃尔沃的技术协同，依托全球五大研发中心，聚集了全球最顶尖的新能源汽车研发团队，取得了数百项核心专利，打造底层架构技术，实现了真正100%自主研发的中国新能源技术体系和解决方案。吉利汽车将加快从传统燃油汽车向多元化新能源汽车转型，并致力于成为中国领先的新能源汽车公司。我想通过大家的共同努力，中国的新能源汽车会继续走在世界前列。

基于经济规律和当前的商业环境，需要把实业和资本结合起来考虑和运作，这样可以为企业和股东带来最佳收益。但是，资本运作的目的一定是为投资实业、支持实业更好的发展。我来自实业，一辈子没有离开过实业，对实业充满感情，更一直怀有实业报国的志向。尤其是进入汽车行业后，我越来越感受到制造业对国民经济的重要性，我们一定要把发展的着力点放在实体经济上。前些年，许多金融资本"脱实向虚"，严重影响了企业家专心致志干实体和转型升级的积极性，有的甚至放弃主业去做投资、炒房地产。但是，没有实体经济做支撑，虚拟经济终究是"空中楼阁"。我们汽车企业和制造企业应保持定力，坚守实体经济，加快技术、产品、管理等的创新，培育以创新驱动为核心的竞争新优势。正是基于对实业的坚守，2018年吉利汽车依然逆势增长。

【商业评论】

李书福凭什么"神"？

"大社长，今年欠的这顿饭就算还了。"下了飞机的李书福，直奔博鳌渔村的大排档，远远地招呼上我。受邀一起参加海南"一带一路"媒体合作论坛，我们见缝插针把"高端访谈"约在了海角的椰林下。

刚上岸的小海鲜端上桌，本地的鹿龟酒举起来，落日夕照，浪花翻卷，身着迷彩 T 恤的李书福谈兴渐起。

这两年，吉利犹如神助，要风得风，要雨得雨，成为无所不能的神通企业。自收购沃尔沃轿车上演民营车企"蛇吞象"起，吉利一口气又把宝腾的路特斯、太力公司的飞行汽车和戴姆勒部分股份——收入囊中，行云流水般完成了不可能完成的任务。更让人瞩目的是，今年车市销量整体下行，没能挡住吉利逆势向上的风头，一跃成为自主品牌的排头兵，令人羡慕，也招人嫉妒。

媒体追逐的李书福基本谢绝各类访谈，渐从公众视野淡出，这反倒增添些许神秘。学历不高的李书福，预测能力不低。去年某国新能源车新秀风头正劲，他预言来年会遭重挫，当时我不以为然，结果前不久应验。他又直言国内某造车新势力熬不过一年半载，不幸又被言中。李书福不是能掐会算的占星师，但他的预言比一些业内的专家靠谱得多。

早期矮化草根出身的李书福，如今又神化如日中天的李书福。本来手中的牌不咋样，却能怎么打怎么有，神力何来？坊间传他手眼通天，有神秘资金力挺吉利纵横四海，更有神秘背景为李书福遮风避雨。

"都是谣言！"不胜酒力的李书福一杯又一杯，似乎想冲掉挥之不去的苦恼。造车再难也从未发怵，谣传肆虐却束手无策。我第一次听他长叹，做个领军企业真是不易。

三年前，访过几家车企，我开始在心中重点反思："资历老、实力强、品牌响的大车企，做自主品牌为何比不过吉利？"那时，我与李书福约定了每年一晤的君子协定。前年首访，吉利已经成为我国自主汽车班里的优等生，我的小结有三：有个好企业家，好机制，好老师。去年再访吉利，我又增加了三条：一是吉利是中国最接近市场经济规则的车企，从身份机制到管理运行，乃至文化价值，都是市场经济的模范生。所以，同行眼中的高难动作，李书福似乎很轻松就完成了；二是吉利干自主是豁出命来真干，李书福自称是"敢死队"，不搞假摔，不踢假球，要面子更要里子，唱功好做功更好；三是老天眷顾，让吉利总能踩上变幻不定的发展节拍，变危机为超车的机遇，规避了不少弯路。

以上六条，我认为基本可以概括吉利之所以神奇的基本经验。李书福认可吗？

晚风拂面，酒酣耳热，不谈生意经的李书福，谈起了人生观、价值观，谈起了吉利做事的"三个标准"：一看是否符合人类社会的进步，二看是否满足用户的需求，三看是否符合企业的发展。

做小事靠技能，干大业靠境界。三个标准好比三层境界。有的企业只能待在维系生存的一层，有的企业能登上竭力满足用户需求的第二层，但是吉利一定是要登上推动人类社会进步的第三层。干大事不惜身，见小利不忘义，始终把人类命运放在心头。如果说吉利有什么神器，我想这就是了。

站到第三层看吉利，许多疑惑迎刃而解。譬如还很拮据的时候吉利坚持贴钱自办大学，既为自己更为行业培养人才；为了扛起了中国汽车品牌的大旗，恳求政府给次失败的机会；关于吉利长城"黑公关"事件，李书福担忧的不是自己受害，而是会毁坏自主车企崛起的前程。他呐喊："我们不能分散精力，不要高估这些小儿科的假新闻，水军造不出汽车，更造不出好品牌。"

我们小看了李书福，我们还未真正理解李书福。原来，吉利不是赢在起点，而是赢在转折点；不是赢在市场，而是赢在价值观。这位放牛娃出身的企业家让我们看到了另一种可能：安危是可以控制好的，只要你保有慈悲的人性，以及呼应家国情怀的价值观。

李书福下一步想干啥？"我想让飞行汽车在海南先飞起来。"他划开手机里的照片，一一呈现加州工厂制造的飞行汽车、研发团队围着他的合影。

为什么选海南？几杯浊酒入肠，勾起一段败走海南的经历。20世纪80年代末，十万大军下海南，李书福裹挟其中，从浙江来海岛创业，结果把4 000万元本钱赔光了。倾家荡产，妻子离去。那段至暗时光，他忍受着孤独和痛苦，不抱怨不诉苦，半夜登高，别人以为他要跳楼，他却迎着腥热的海风赋诗一首："力量在风中回荡，奇迹在蓝天下闪光。坎坷的道路承载着我的理想，坚实地伸向远方。"

20年前的旧作，他脱口而出，蕴含着败者归来的志气。也许为了成就今天的李书福，命运精心安排了这次惨痛的打击。

那晚，博鳌的海风醉人，微醺的李书福显露出哲人的睿智和诗人的豪情，真不知道，明天他还会给我们制造多少传奇的故事。

比亚迪董事长王传福

过剩才有竞争　竞争才有繁荣

访谈主持： 何伟

访谈嘉宾： 比亚迪股份有限公司董事长兼总裁　王传福

何伟： 2018年是中国改革开放40周年。回看过去40年改革开放所取得的成绩，民营企业从少到多，不断发展壮大，并涌现出一大批优秀的民营企业家，成为助力中国经济健康、快速发展的一股不可忽视的力量。作为生于深圳、长于深圳的自主车企，比亚迪无疑是成功、生动、鲜活的案例。

王传福： 确实，可以说没有改革开放就没有深圳，没有深圳就没有比亚迪，我们是改革开放的参与者，也是受益者。深圳作为推开改革开放的第一个窗口，这片热土有很好的市场氛围，它是中国最早的市场化城市，也是目前市场化程度较高的城市。市场化实际上就是营造更加公平的竞争环境。有了公平竞争的环境，像我们这种无背景、无资源的热血青年纷纷来到深圳创业，并收获了成果和成绩。

"新能源汽车的增长，已经开始从政策的单轮驱动，向政策和市场的双轮驱动转变。这种增长方式更加健康、更加可持续。"

何伟： 值得注意的是，随着汽车行业供给侧结构性调整、产能优化的加

与比亚迪集团董事长王传福对话

速，以及宏观经济环境等诸多因素叠加影响，2018 年中国汽车市场出现了近 28 年来的首次负增长，但新能源汽车依然保持增长势头。

王传福：是的。近几年，新能源汽车也成为比亚迪主要的增长点。在中国汽车市场遭遇 28 年来首次负增长的背景下，新能源汽车逆势增长，可谓一枝独秀。

2018 年，比亚迪的新能源汽车产销预计增长 110%，高于行业增速。如果动力电池产能相对充足的话，比亚迪 2018 年的新能源汽车（含乘用车、商用车）产销量可以达到 30 万辆，其中规模最大的是新能源乘用车，2017 年是 10 万辆，2018 年可翻番。

何伟：说到新能源汽车市场，还有一个需要关注的问题是，在补贴政策逐渐退坡的过程中，市场的真实需求开始凸显，政策与市场双轮驱动的效果也越来越明显。也就是说，新能源汽车产业的发展经历了前几年的浮躁后，开始变得更成熟、更稳重、更切实际，市场的增长方式也更健康、更加可持续。对真正想做事、做好事的企业来说，营造了良好的发展环境。

王传福： 2018 年，新能源汽车领域有一个特点：增长方式从完全依赖政策驱动，开始转向政策＋市场双轮驱动。以比亚迪为例，以前我们卖的车可能 70% 是在出台了限行、限购政策的城市，这些城市对新能源汽车的需求很大程度上是由政策在驱动。2018 年，我们大概有 50% 的新能源汽车销量是来自没有限行、限购政策的城市，这些城市购买新能源车和传统燃油车享受同等待遇，没有什么优惠。在没有相关政策驱动的情况下，这些城市新能源汽车的销量增长很快。这说明，新能源汽车的增长，已经开始从政策的单轮驱动，向政策和市场的双轮驱动转变。这种增长方式更加健康、更加可持续。随着补贴政策的退坡，未来新能源汽车的发展，最核心的驱动力还是市场。

何伟： 按照 2018 年的表现，比亚迪股份有限公司整体的营业收入预计实现同比增长，具体到汽车板块表现如何？

王传福： 在新能源汽车领域，随着政策和市场的双轮驱动，市场的走向更加健康。随着规模不断扩大，包括成本的降低、核心技术的提升、产品综合竞争力的提升都会越来越快，产品也会更加丰富，充分参与市场竞争。

值得一提的是，在中国发展新能源汽车，还有着得天独厚的体制优势。比如公交电动化就是一个明显的例子。中国是全球第一个提出公交电动化的国家，由于公交车具备固定路线、固定区间、排放大等特点，因此，公交电动化是最需要也是最方便实施的。中国政府在这方面做得比较超前，也为中国企业提供了更多的发展机会。目前，比亚迪也在国外推广新能源大巴，比亚迪的电动公交车在包括日本东京、美国洛杉矶、英国伦敦等全球 300 多座城市成功示范运行。另外，比亚迪还推出了纯电动工程车，深圳 2019 年要把大量工程车换成纯电动的，比亚迪也参与到此次城市建设、环保创新的实践中。

何伟：可以说，比亚迪的电动大巴是一块成功敲开国际市场大门的敲门砖。说到出口，目前比亚迪的汽车产品还进入到哪些有代表性的国际市场？

王传福：比亚迪的电动大巴目前已进入到德国、法国等欧洲市场。欧洲市场对汽车产品的严苛程度可想而知，比亚迪用电动大巴作为一块敲门砖，打开了汽车工业发达市场的大门，也实现了中国汽车产业零的突破。我们国家首创的公交电动化理念，不仅为企业提供了在国内市场发展的机会，也为企业走向全球市场带来机遇。因此，比亚迪在践行国家"一带一路"倡议过程中，也将新能源汽车"走出去"作为一个推进重点。

何伟：当前，包括相关政策在内，对新能源汽车动力电池的能量密度有着严苛要求，而且提升速度很快，但现阶段，能量密度和安全性仍然是新能源汽车不可调和的矛盾。对此，你怎么看？比亚迪有何兼顾之道？

王传福：能量密度和电池的安全性，的确是矛盾的。当然，新能源汽车的安全性涉及其他很多方面，比如工艺、设计等，但不得不承认，动力电池过高的能量密度确实会影响一部分安全性。我认为，应适当放缓对能量密度的提升要求，确保新能源汽车的安全性，因为更安全的产品才会让消费者在购买和使用时更加安心，让大家的汽车消费愿意从传统燃油车转向新能源汽车。据了解，目前有关部门已经在制定相关措施，在确保电动汽车安全性的基础上，使动力电池能量密度得到科学提升。

"电动汽车的发展是大势所趋，利用自身优势把电动汽车的一些核心技术做到更加优化，是比亚迪在发展新能源汽车领域的一个战略举措。"

何伟：除了汽车业务之外，比亚迪在轨道交通领域也有突破和进展，涉足轨道交通领域是基于何种考虑？

王传福：我们有一个产业是轨道交通。按照规划，以问题为导向、以创新来驱动，构建一个绿色的大交通体系。城市化的快速推进，也遇到一些亟待解决的问题，比如空气污染、交通拥堵等，我们的绿色大交通体系，就可以解决这些问题。目前，为了治污治堵，比亚迪开发了跨座式单轨及胶轮有轨电车。我认为，中小运量的轨道交通在未来几年的市场空间将是巨大的。我们有信心，未来在轨道交通这块业务上再造一个比亚迪。

何伟：比亚迪未来发展的一个目标，是要从千亿级企业向万亿级企业迈进。支撑万亿级企业，除了汽车板块之外，还要依靠其他哪些业务板块？

王传福：我们的电子业务板块也具备较大潜力。这个板块的增速很快，目前比亚迪为全球顶级品牌做 ODM（原始设计制造商）等服务，随着这一领域供应链集中化程度越来越高，针对这块业务，我们的目标是做到每年 2 000 亿元至 3 000 亿元。

何伟：电子业务应该是比亚迪最早的一块业务，现在一直没有放弃，而且还在继续深耕。在涉足汽车产业后，相当一部分精力也用于专攻新能源汽车、动力电池等核心技术，可以说比亚迪是利用自己的长处为自己争取更多的机会。

王传福：对，而且我们在这一领域越来越成为主流了，因为我们在精密模具＋高科技材料这一方面的能力比较强。另一个重点板块就是电动汽车。坦率地说，我们赶上了汽车产业百年不遇的变革，机会难得。2003 年，比亚迪开始涉足汽车制造，从那时候就开始研究动力电池技术，因为在我们看来，电动汽车的发展是必然的，是大势所趋，利用自身优势把电动汽车的一些核心技术，比如动力电池、核心的功率半导体、IGBT（绝缘栅双极型晶体管）等技术做到更加优化，形成差异化竞争优势，是比亚迪在发展新能源汽车领域的一个战略举措。

现在，比亚迪已经掌控了电动汽车最核心的电芯技术。当人们对电动汽车还普遍不看好的时候，我们就组建团队研究 IGBT，现在比亚迪新能源汽车上应用的 IGBT 基本上是我们自己供应的。从外面买不到，全球就几家企业在供货，因为这个技术门槛比较高，价格现在也涨得很快，供不应求。

"市场经济实际上就是过剩经济，过剩才有竞争，竞争才有繁荣，优胜劣汰，死掉一批，活下来的才是真正有本事的。"

何伟： 回顾这几年我国新能源汽车的发展，前两年很火、很热，但后来又遇到了一些问题和瓶颈。比如当初提出弯道超车，希望通过发展新能源汽车与世界汽车巨头并跑，但现在来看，国外这些大车企一旦回过神来要搞新能源汽车，其技术储备和核心研发能力是很强的，而且他们现在开始纷纷将产品投放到中国市场，上一轮是传统燃油车合资，这一轮是通过新能源汽车开始介入。这是否说明我国新能源汽车的"三电"技术以及整车技术与国际先进水平还有差距？

王传福： 关于市场的火热，中国行行都是如此，只要大家看好，就一哄而上。市场经济就是这样；市场经济实际上就是过剩经济，过剩才有竞争，竞争才有繁荣，优胜劣汰，死掉一批，活下来的才是真正有本事的。这些有本事的才真正体现生产力的提高，才能够使市场更加繁荣，提升整体工业化水平。我觉得这个是正常的。

新能源汽车也是一样。当前，大家都看好新能源汽车的前景，所以都纷纷进入这一领域，这势必有一个优胜劣汰的过程。在这其中，我认为政府应起到重要的推动作用，因为中国发展新能源汽车和欧洲不一样，欧洲只是为了应对空气污染或气候变化，但中国首先是考虑石油安全。减少对石油的依赖，最有效的方法就是发展新能源汽车。我们看到，中国的电动汽车由于有政府在推动，所以起步比较早，像比亚迪在 13 年前就储备 IGBT 的技术，20年前就在储备电池的技术。这几年国家出台的各项综合性政策，使中国具有全球最全面、最科学、最系统的新能源政策体系。在这个政策体系的推动下，中国新能源汽车占全球市场份额的 50%，这就是起点。在这个起点上，中国一定能孕育出一大批有竞争力的、掌握核心技术的企业和品牌。当然，这需要激烈的竞争和残酷的淘汰。

何伟：可以说，发展新能源汽车，中国现在天时地利都有了。全世界没有一个政府像中国这么支持新能源汽车的发展。地利是市场最大。但是，回过头来看，我国汽车产业，特别是自主品牌，大家一谈到这个问题的时候，就好像底气不足。对此，你怎么看？

王传福：汽车工业是一个非常复杂的工业，做大做强需要时间来锤炼。要给自主品牌一定的时间把汽车产业做到世界级的水平。凭借中国人的智慧、勤奋以及中国政府、市场的支持，我相信未来会涌现出一批顶级的中国车企，自主品牌也会走向全球。

实际上，在新能源汽车领域，目前通过竞争已经出现两极分化的迹象了，强者越来越强，强的企业有核心技术、核心产业链，有长远战略，通过优胜劣汰，真正有能力、有实力的企业会脱颖而出。

"未来我们的零部件业务，会成熟一个开放一个，这是比亚迪的总体战略。"

何伟：过去，比亚迪给业界的印象是一家相对封闭的企业，包括核心零部件都是自己做，现在开始向行业开放、逐步实现共享，这个转变的初衷是什么？

王传福：对比亚迪而言，相对集中和封闭的模式，比较有利于企业早期的快速成长。当企业成长到一定规模的时候，我们越来越明显地发现，一定要开放、要市场化。因此，比亚迪把核心零部件全面市场化，让它真正地走出去，参与市场竞争，从而提升它的效率和活力。通过这两年的实践，我们感觉到很多核心零部件向行业开放共享以后，市场的真实活力就被调动起来了。在竞争中，找到自己的差距和不足，看到自己的创新优势和成本优势。通过开放，我们的视野更宽了。在开放的过程中，我们也深深地感到，虽然和自身比，整体实力增强了，但与国外先进技术相比，我们仍然有差距。

之前，比亚迪的电机、电控、变速器"三合一"是一个事业部，专门进行内部供应，它的活力就不够。开放以后，创新的需求、创新的压力马上就显现了，因为要是给其他企业供货，竞争对手可以说是强手如林，如何使自己的产品重量更轻、体积更小、成本更低，具备综合竞争力，是开放以后必须要面对的问题。这对于比亚迪提升自身核心零部件的研发能力和竞争力起着至关重要的作用。

我们的动力电池也是一样。2018 年，主要受限于产能不足。扩产以后，也可以实现向外部供应，可带动公司总体竞争力的提升。在深圳，我们感受最深的就是市场化，这种市场化的竞争，就是过剩经济。从某种角度看，过剩可以提升竞争力。

何伟：下一步，比亚迪开放核心零部件之后，是不是尺度可以再大一点，比如走向国际化？以合作、合资、并购、配套等多种方式，深度参与全球汽车产业链？

王传福：坦率地说，我认为中国车企"走出去"，需要有步骤、有计划。比如在电动汽车国际化方面，一定要分领域，不能眉毛胡子一把抓。汽车有很多领域，有些领域适合于快速电动化，比如公交电动化；有些领域则相对较慢，比如私家车市场，因为涉及很多基础设施，还有购买者的心理状态、心理判断等。对中国企业来说，要把握机会苦练内功，真正有了本事、产品有了较强的竞争力，再根据自身的优势有步骤地走出去比较稳妥，比如先把公交车电动化推向国际市场，再逐步地将新能源私家车向全球市场渗透。

何伟：比亚迪宣布将汽车动力电池业务拆分并酝酿独立上市，是开放核心零部件供应链迈出的重要一步，能不能向我们公布一下最新的进展？

采访比亚迪董事长王传福

王传福：通过两年的零部件市场化实践，我们已经尝到了甜头。的确，市场化以后，我们的零部件公司积极性很高，创新意识和创新能力在增强，这都是在市场化推动下产生的正面效果。未来，比亚迪还计划把包括动力电池、IGBT等业务陆续市场化。这不只是产品的市场化，企业也要市场化，即企业能够独立上市。上市以后，股民、投资者都能参与公司管理，还要受市场管控，这样更利于企业健康发展，释放更多活力。

上市以后，我们会给管理层一些股权，给他们更多空间，这样创新就更有动力。在这种机制下，已经推向市场上的零部件业务板块，现在的发展积极性很高。未来，我们计划优先把动力电池和IGBT业务推向市场。在2022年前后，实现比亚迪动力电池业务的拆分和独立上市。目前，我们在国内外已经和一些大客户在洽谈合作。这些客户看中了比亚迪动力电池在安全性、性能指标和循环使用寿命等方面的优势，他们对产品的使用效果也很满意。未来，我们的零部件业务会成熟一个开放一个，这是比亚迪的总体战略。

何伟：谈到开放与合作，比亚迪很早就做了尝试。其中包括与戴姆勒合资合作打造了新能源汽车品牌——腾势。在汽车行业合资股比放开的新格局下，未来比亚迪的对外合作还将有哪些突破？

王传福：比亚迪和戴姆勒本着互利互惠原则合作共赢，未来在中国市场上还会持续加强合作，相信在新的环境下，双方的合作关系会越来越稳固、越来越深入。此外，在零部件领域，我们现在不止与戴姆勒，还与全球很多顶级品牌都在建立合作关系，这些国际品牌对比亚迪的核心零部件也很感兴趣。凭借我们的规模、产品性能和成本优势，未来比亚迪将展开更多国际合作，对此比亚迪有充分的信心。

【商业评论】

技术型企业家王传福

岁末的深圳，阳光灿烂。比亚迪厂区，慕名的访客络绎不绝。过山车一样的云轨，作为比亚迪的新项目，弯弯转转高悬在我们的头上，让客人误以为来到了游乐场。

访谈地点选在了敞亮的产品展厅，一辆红色的全新一代唐 DM 样车静卧我俩身后。看得出，主人对这款车颇为自豪。几乎没有寒暄，个头不高的王传福就给我介绍起这款车的亮点：续驶里程长、颜值时尚、性价比高……像是夸自家的孩子。手戴腕表，着浅色工装，佩 1 号工牌，若不介绍，还以为他是工程管理人员。

在中国汽车品牌的班级里，李书福、魏建军和王传福无疑是从市场拼杀中脱颖的优等生，民企造车"三杰"。环视华夏，我认为，中国汽车品牌的希望，很大程度寄托在他们身上。

这三位年龄相仿的企业家，有着许多共同点。他们都凭借自身的悟性和智慧踏准了时代的节拍，抓住了中国经济起飞的历史风口；都是贫寒出身，白手起家，起始都以模仿洋车为主，雄心很大，运气都不错，企业达到了千亿级的营收规模。如果说有差异，李书福更像智慧型的企业家，长袖善舞，国际并购；魏建军则是工匠型的企业家，精益求精，专注SUV并力争做到全球第一；王传福则属技术型的企业家，像个理工男，埋头钻研甚至事必躬亲。从科研院所下海，背井离乡南下创业，加之他与媒体保持距离，所以王传福更具神秘色彩，外界对他的评价反差更大些。

赞赏他的人称他为"技术狂人"，并成了他的"铁粉"；看不上他的人叫他"山寨皇帝"，戏谑他封闭固执、不懂汽车。自从涉足造车，王传福就一直顶着舆论挑剔的压力：比亚迪车便宜，但质量不佳；性能不错，但颜值不高；零部件靠自己，但从不开放；布局多元化，但聚焦不够。还有一些人看不惯他的打法和套路，争议苛责一直伴他前行。

挫折应该是最好的老师。看看王传福的创业历程，不难发现，在中国，做个企业家，绝不是件很风光的差事；做个自主品牌的企业家，更要承受外界难以想象的煎熬和困苦。面对七嘴八舌的评论，倔强的王传福自有不认同的地方，但他很少公开辩解，有意与媒体保持距离，默默地专注他的技术、他的管理、他的创新。真正的企业家一定是孤独英雄。他生活简单，吃路边盒饭，也从不摆前呼后拥的老板架子。至于产品，他相信最终要让市场来说话。

这天，他脸含微笑心情不错，原因也能猜出几分。在中国汽车市场遭遇近28年来首次负增长的大背景下，新能源汽车成为逆势增长的"长跑运动员"。如果动力电池产能相对充足的话，比亚迪今年的新能源汽车产销量可达到30万辆。更骄傲的是，比亚迪是第一个把新能源汽车同时开进美国、开进德国、开进日本市场的中国企业，而这些国家都是我们的强劲对手、我们的汽车师傅。

样样都喜欢自己来的王传福也在改变自己。我问他为何开放供应商体系，他这样解释：在功能手机时代，诺基亚是霸主；可是在智能手机时代，苹果成了新霸主。诺基亚轰然倒塌，不是手机品质有问题，也不是公司管理有问题，而是它太封闭了。比亚迪不想成为汽车界的诺基亚，所以选择了开放；未来，零部件业务会成熟一个开放一个。

　　也许是机缘巧合，我们在南国访谈的时候，北京正在举办纪念改革开放40周年大会。借题发挥，王传福感慨良多。他表示，没有改革开放就没有深圳，没有深圳就没有比亚迪，比亚迪是改革开放的参与者，也是受益者。深圳作为推开改革开放的第一个窗口，是中国最早的市场化城市，也是目前市场化程度较高的城市。市场化实际上就是营造更加公平的竞争环境。有了公平竞争的环境，无背景、无资源的热血青年才会纷纷来到深圳创业。原来，比亚迪的英文名 BYD 的含义是"成就你的梦想"（build your dreams）。

　　他喜欢深圳，自在情理之中。但是，这么发自肺腑的爱，出乎我的意料。如今，汽车行业竞争的上半场是新能源车，下半场是智能车。估计王传福人生的下半场不会离开这片热土，更不会离开带腿的智能手机——汽车。

长城汽车董事长魏建军

真正的企业家自带光芒

访谈主持：何伟

访谈嘉宾：长城汽车股份有限公司董事长　魏建军

聚焦 SUV 领域是一个艰难的抉择，企业做加法容易，做减法很难。未来能与长城竞争的企业，要具备很高的发展质量，可能到最后没有几家。

何伟：长城汽车从小到大的发展经历，是个传奇。作为一家民营企业，享受不到优质资源，只能自己养自己。我们注意到，在保定市乃至河北省，很多企业近些年来发展的不好，有一些已经倒闭。而长城汽车却一骑绝尘，成为河北省最成功的企业。这其中想必经历了不少坎坷，想出了不少妙策吧？

魏建军：1990 年，我接手长城汽车时，它还是一家乡镇企业。此后，企业步入正轨。2003 年，成为登陆港股的上市公司。长城汽车先后生产过皮卡和 SUV，2008 年开始做轿车。之后，又聚焦到 SUV 领域，创立了哈弗品牌，这是长城发展史上最重要的节点。但这是一个痛苦的抉择，所谓"做加法容易，做减法难"，如今看来，这个决策是非常正确的。

从当时看，全球 SUV 的增量和消费者对 SUV 的喜爱程度让我们决定聚

与长城汽车魏建军合影

焦于此。通过市场调查发现，80% 的潜在购车用户都希望下一辆车选 SUV，当时 SUV 在我国还属于小众市场，外资企业对市场动向了解得不太充分，产品布局较少。长城汽车的动作比较早，也比较快，于是抓住了 SUV 市场的机遇，成为这一市场的领导者。

何伟：企业发展过程中，压力最大是在什么时候？

魏建军：我是一个抗压性很强的人，即使有压力，常常几天就会消解，我相信"事情总能过去"。目前的压力来自今年的汽车市场是个"小年"，销量可能会受影响。其实，在市场下滑时，长城汽车没有优势，因为我们没有"外援"，只能埋头苦干，但幸好战略布局比较准确、扎实。

何伟：作为一家自主品牌车企，长城汽车如何给自己定位，未来谁会是长城汽车的竞争对手？

魏建军：长城汽车是自主品牌车企中的一线选手。我们在产品、技术、人才、制造、管控、运营能力等方面比较有优势。未来能与我们竞争的企业，要具备很高的发展质量，可能到最后没有几家。每个企业的价值观和战略布局都不同，充分竞争3～5年后，才会看到结果。我相信，长城汽车会在SUV上做到最好。

30多年的改革开放，让一些中国企业有些盲目，因为市场起步时供给不足，所以做什么都能赚钱。而现在，汽车产业已经进入到充分竞争的时代，企业必须聚焦，走专注、专业、专家之路。

何伟：长城汽车被业内誉为"利润之王"，主要原因是什么？

魏建军：长城的高利润离不开聚焦战略。首先是哈弗品牌起步较早，提前占领了市场。其次，我们只做SUV，做得非常专业，像是个"专科医生"，"专注、专业、专家"是我们的追求，最终消费者也认可了我们的专业度。

近两年，哈弗在多个机构的品牌价值排行榜中，均排在中国品牌第一位，不少外资品牌都排在长城后面。我们认为，长城的品牌战略非常有价值。长城汽车已经与里斯中国战略咨询公司合作了10年，我们非常赞同营销大师里斯的定位理论，这套理论是美国人把中国人的思想理论化了。其实，"术业有专攻""一招鲜吃遍天""行行出状元"说的都是定位与专注。德国、日本、美国的不少企业都是专注一个细分领域，而长城汽车就专注于SUV。

我们也注意到，一些自主车企的战略是"大而全"，他们就像奥运会中的五项全能运动员，要想夺金非常累。长城汽车比较讨巧，在最火爆的市场排名第一，就像刘翔110米栏的金牌那样，受到高度关注。

我们必须清醒地意识到，30多年的改革开放，让一些中国企业有些盲目，因为市场起步时供给不足，所以做什么都能赚钱。而现在，汽车产业已经进入到充分竞争的时代，企业必须聚焦，必须集中精力。

创立 WEY 品牌时还有些顾虑，后来身边很多人鼓励我，才作出这个决定。我们绝对敢和 ABB（Audi、BMW 和 Benz）一较高下，看看 VV7 有什么逊色之处。

何伟： 哈弗品牌成功后，长城汽车又创立了 WEY 品牌，这是出于什么样的考虑？

魏建军： 2014 年，长城汽车决定创立 WEY 品牌。虽然当时哈弗 H6 卖得很好，但在消费者心中，哈弗只能卖 15 万元以下的 SUV，高端车型哈弗 H8 和 H9 上市后的反响也不好，因此我们考虑进行品牌分化。

哈弗品牌定位于经济型 SUV，售价在 10 万～15 万元区间，目前这一细分市场的年销量达到 300 多万辆。WEY 品牌定位于中高端 SUV，售价区间在 15 万～20 万元，这一价位 SUV 的市场容量超过 200 万辆。10 万～20 万元区间内的 SUV 销量，占 SUV 整体市场份额的 60%，长城汽车布局两个品牌来抢占市场。

何伟： 我们注意到，像奔驰、福特等很多国外知名品牌，都是用创始人的名字命名。而在国内，创立 WEY 品牌使你成为第一个"吃螃蟹"的人。当时决策的时候有没有顾虑？

魏建军： 实际上，新中国成立前很多品牌也是以人的名字命名的，后来国有企业快速发展，成为主要力量，这种命名方式就少了。此次推出 WEY 品牌时还有些顾虑，后来身边很多人鼓励我，才作出这个决定。

现在，很多地方都在播放 WEY 品牌的广告片，我也成了公众人物。说实话，做公众人物非常辛苦，以前我习惯吃饭穿背心、穿拖鞋，现在不能这样了。在保定，我以前总去万国广场吃小吃、买东西，现在去要戴上墨镜、帽子，即使这样有时还会被认出来。说实在的，我比较向往自由自在的生活，不太适应公众人物的生活方式。

何伟： 最近，在中国汽车报社举办的 SUV 试驾活动中，WEY 品牌的首款新车也参与其中。我们的感受是，这款车的外观和内饰的设计和做工都比较好，底盘调校得也不错，唯独动力有点弱。是不是在动力系统上，自主品牌与外资品牌还存在明显差距？

魏建军：这不是动力系统本身的问题，是受标定风格所限，我们的软件需要进一步升级。WEY 的首款车型 VV7 可通过美国标准 25% 正面偏置碰撞测试，车顶可承受的冲击力达到车重的 4.5 倍，A 柱距前轮中心比较长，这就使得车身比较重。

我对 VV7 这款车很有信心，虽然它卖的是外资二线品牌的价格，但做工、配置却堪比 ABB（Audi、BMW 和 Benz）产品。在驾驶感受和操控性方面，我们绝对敢和他们一较高下。

中外车企的差距主要体现在品牌运营和全球化经营能力上。防守是防不住的，必须向上进攻，长城汽车有强烈的生存欲望，将不断挑战外资品牌。

何伟：如果说在技术上自主车企已经能与一些外资品牌竞争，那么两者的差距主要体现在什么地方？

魏建军：产品方面，我们正在逐渐缩小与外资品牌的差距，目前在细节上稍有欠缺。中外车企的差距主要体现在品牌运营和全球化的经营能力上。水平差不多的一款车，自主品牌卖 10 万元，外资车企能卖 30 万元，这就是差距。

WEY 品牌的首款新车 VV7，有人说外观看起来并不霸气。但以这样的设计，换上外资品牌的车标，就会有很多人称赞它。一款车型看起来霸气与否，需要品牌作为背书。

何伟：看起来向上发展已经是自主品牌的必修课，长城汽车在这方面是如何思考的，请你再深入地谈谈你的想法。

魏建军：过去，长城取得成就的决定性因素在于管理体制，尽量保证透明、公正、充分暴露问题。此外，长城在作决策时比较谨慎理性、不盲目，也敢于承担错误。未来企业的发展要坚持这样的思路，继续向上冲击，攻占更高端的市场。在我看来，外资品牌已经谋划在经济型车上加大投入，向下挤压自主品牌份额，因此防守是防不住的，必须向上进攻，长城汽车有强烈的生存欲望，将不断向上挑战外资品牌。

何伟：长城汽车已经是成功的自主车企，不过也有一些人对企业的未来心存忧虑，长城汽车是否需要调整发展路径和现有的经营思路？

魏建军：从战略角度来看，企业如果既能够获得利润又能够提升品牌价值，那是最完美的。未来，长城汽车将继续聚焦 SUV，打造具有国际影响力的汽车品牌。目前看来，中国是非常大的市场，尽管外资企业在很多方面具有优势，但不如自主车企那样了解我国消费者。因此，长城必须在这个巨大市场中抓住机会，少走弯路。本土市场将成为长城汽车的基础力量。

此外，开拓海外市场也势在必行。长城如果能在欧美成熟市场有所作为，品牌力将大幅提升，对于企业的价值提升作用非常大。目前，长城汽车的出口量占总销量的 3%，在澳洲和俄罗斯市场表现很好，未来会在欧美市场开疆拓土。具体来说，长城会在 2021 年左右在欧美市场投放产品，目标是在下一个十年打造成全球知名品牌。目前，国际化产品已在开发当中。

我本人对担任其他社会职务没什么热情，也并不擅长，只希望踏踏实实做好自己的企业。有人说，雄安新区建成后会帮助长城汽车吸引人才，但这还需要一段时间，长城不能等。

何伟：长城汽车的文化也备受外界关注，具有明显的魏氏风格，这种独具特色的企业文化是怎样形成的？

魏建军：长城汽车在河北省的企业中纳税额和利润都排名第一。长城希望做模范的企业公民，打造正常的政商关系，在享受社会资源的同时，也回报社会。我认为，长城汽车对社会最大的价值就在于经营好企业本身，只有为消费者创造价值，才能树立起讲原则、讲秩序、正能量的企业形象。我本人对担任其他社会职务没什么热情，也并不擅长，只希望踏踏实实做好自己的企业。

我希望长城汽车能够形成严谨、轻松且思想活跃的工作氛围。实际管理过程中，长城的监察力度较大，更加强调纪律严格、准确灵活、透明公正。长城的体制也强调勇于担当，谁都会犯错误，但必须要有人主动反省，主动承担责任，长城那块写满了决策失误的"前事不忘后事之师"的石碑正是体现了这种文化。

何伟： 在吸引人才方面，长城汽车做了哪些工作？

魏建军： 目前，长城汽车的技术研究中心有 1.15 万名员工，在欧洲、日本和美国都设有技术中心，在韩国也有合作。目前，长城共有约 300 位外籍员工，多为技术人员。在长城工作的外籍员工，很容易融入企业的工作氛围中，文化上没有太大差异，或许只是在语言和饮食习惯上有所不同。

我们承认，由于种种原因，长城汽车的人才流失问题也比较突出。有人说，雄安新区建成后会帮助长城汽车吸引人才，但这还需要一段时间，长城不能等。

目前，长城汽车在保定已经拥有 75 万辆的产能。以前我们认为，保定房价低，能够安居乐业，为留住人才还特意建设了幼儿园、小学。现在看起来有些失误。未来，长城汽车不排除走出保定的可能性。

我怎么会不愿意要一个外援为我挣钱？但长城这样的民企能得到的资源很有限。现在说汽车行业产能过剩，但只有过剩才能促使产业进步。

何伟： 在长城汽车 20 多年的发展中，似乎并没有去兼并其他企业，也没有别的企业来兼并长城，原因在哪儿？

魏建军： 我怎么会不愿意要一个外援为我挣钱？但长城这样的民企能得

参观长城汽车总装生产线

到的资源很有限。就算现在可以收购车企，长城也要看品牌，品牌差的、包袱重的、机制僵化的，白给也不要，还不如我们自己创建。吉利收购沃尔沃是基于吉利的战略和规划，长城的战略与吉利不同。

我们注意到，国家的合资政策有所松动，主要体现在新能源汽车方面，但在这一领域，我们与外资车企的差距不大。

何伟：近期，国家出台《关于完善汽车投资项目管理的意见》，其中对传统车企的产能扩张进行限制，你如何看待这个政策？

魏建军：民营企业的钱是自己或投资人的，如何投资、如何赚钱都应该由企业决定。现在说汽车行业产能过剩，其实过剩才能促使产业进步，如果不过剩，消费者还是会求着企业，就跟计划经济时代买粮食需要粮票一样，这样产业就无法进步，市场无法繁荣，消费者也得不到实惠。

【商业评论】

直面"成色很纯"的企业家

在车企老总中，魏建军绝对是个另类。他很少抛头露面，高层论坛也好，国际车展也罢，踪迹难觅，常常神龙见首不见尾。传说魏建军很少加班，原因是他经常不下班，吃住在厂里。

北方的六月已经酷热难耐。午后，我们如约来到魏建军不常下班的地方，试图揭开长城汽车神秘的面纱。

50多岁了还很随性，一头浓密的黑发，浓浓的保定口音，虽是河北首富却好穿牛仔T恤，不改平民百姓的本色。该如何定义魏建军呢？几个小时的对话，让我强烈地感到，他是一个"成色很纯"的企业家，这正是我们国家最稀缺的经济资源。

魏建军除了具备企业家讲诚信、善于创新、富有责任感等基本内涵外，还在于他独有的特质，我归纳至少有三。

其一，他直言做企业就是赚取利润，丝毫也不矫情，不像有的明星企业家，张口闭口以社会责任为己任，背后却拼命捞钱。都知道他崇尚丰田的精益管理，却不知他心里真正佩服的是那些利润率高的企业。哈弗的价格本来就不高，还能赚出不少利润，实在令人费解。给魏建军戴顶"成本控制大师"的帽子，丝毫不冤枉他。有人认为，做企业并不是为了赚钱，而是为了给社会提供服务。魏建军并不赞成，服务社会是企业的责任，但最终目的还是赚钱。难怪长城成为车企利润之王，这是利润理论浇灌出来的硕果。创造利润是企业家的使命，更是企业家精神的要义。魏建军当然不是唯一认同这一价值的，却是践行到位的企业家。

其二，他心无旁骛专注于企业自身的事物，敬业精神令人感叹。他是业界的名人，地方经济的功臣，换了别人，自然是代表、委员、会长、理事等光环披挂满身。但魏建军如今只保留一个职务，并得意于这个职务：企业董事长。其他送上门来的社会职务不是没有，而是被他逐一谢绝了，成为成功企业家中罕见的"裸官"。他痴迷于汽车到了"此生只想造好汽车"的地步，无暇拓展业余爱好，除了喝点小酒。人的精力毕竟有限，他把有限的精力全部聚焦在长城汽车内外——内部管理的严苛和外部市场的感悟上。他坦言没有其他的职业选择，这辈子只能干汽车。不像国企老总，干几年就要换地儿了。他哪里也不去，就喜欢宅在保定郊区的办公室里琢磨车里的事。所以，他干自主是出于本能，豁出命来干，不搞假把式。我想，真正的企业家只需要"企业家"一个标签就够了，缺乏自信的就假借形容词增色，如新锐企业家、美女企业家、儒商，等等，凭借虚名以壮声威。其实，真正的实力总是自带光芒。

其三，他是行胜于言的实干家，务实到了没有一丝浪漫的地步。他很少在媒体面前抛头露面，讷于言而敏于行，实在躲不过就让搭档救驾。因为他坚信，胜负见于市场，无须言说，好产品自带广告。他是典型的"不找市长找市场"的老板，"我们没有外援，只能靠自己"。有一次，他拿到一个政府补贴的开发项目，接手后发现项目与公司的研发节奏不合拍，就把政府2亿多元补贴给退了回去。笔者20年前曾造访保定，那时的保定，以明星企业家众多名震燕赵大地。后来，很多企业家要么进了医院，要么进了法院，要么销声匿迹，似乎只有极少数如魏建军这般走到了今天。我想，这当中一个重要的因素恐怕是与政府保持合理的距离有关。他强调要做好企业自己的事，不要给政府添麻烦，可谓洁身自好。

企业家对于企业的成败至关重要。那么，究竟什么是企业家精神？现代创新理论的提出者熊·彼特曾说过，创新是企业家的特质。对照魏建军，这话甚为贴切。长城的创新，表现在不按常理出牌。作为民营企业，它把机制优势的资源用到了极致。譬如在讲民主管理的今天，魏建军对"军事化管理"却有独到的见解。进厂区那天，我们赶上了午餐时间，只见员工一个跟着一个，从车间一字长蛇阵列队去食堂。企业改革的一项重要难题是去后勤化，长城却反着来，自建幼儿园和学校，甚至盖起鳞次栉比的职工宿舍，成为保定坊间的美谈。更为外界津津乐道的还有所谓的秘密监察制度，听来像是侦探故事。采购部门与零部件供应商搞私下交易吃回扣，是许多整车厂屡禁不止的潜规则，为此魏建军发明了一项监察制度，发动人人监督，鼓励秘密举报，从而杜绝了这一顽疾。别的企业也想到了这个问题，但是做不到，长城的可贵之处是做到了，所以有了 SUV 的市场传奇。因为管理严格，长城的产品性价比高，企业赚到了看似超常的高利润；因为管理太严格，不少员工选择了离去。这些魏氏管理，既有企业家的创新，也难掩英雄主义的人格特征。

那天下午，魏建军谈得很嗨，激动时起身做出夸张的手势，让我们看到未变的本色。他说："我比较向往自由自在的生活，不太适应公众人物的生活方式。"

奉行"每天进步一点点"的魏建军，如今笃信美国著名营销专家杰克·特劳特和艾·里斯创建的定位理论。临别前，他还送了我一本里斯的书。这是一本30多年前在美国畅销的书籍，定位理论被誉为有史以来对美国营销影响最大的观念。IBM、通用汽车和美国通用电气（GE）等大企业曾因走上多元化扩张道路而纷纷陷入亏损泥沼，里斯剖析认为：太阳的能量为激光的数十万倍，但由于分散，变成了人类的皮肤也可以享用的日光浴；激光则通过聚焦获得力量，能轻松切割坚硬的钢板。企业和品牌要获得竞争力，唯有聚焦。不求品种最多，唯求品类之最。产品越多，战线越长，赚的钱反而越少，追逐所有目标将一事无成。

为何"汽车之家"比"新浪汽车"做得好？正是因为精准。聚焦理论在中国的"模范生"有格力空调、中华香烟、茅台白酒，当然还有长城汽车。魏建军酷爱聚焦理论，并实践聚焦理论，誓言不把 SUV 做成世界老大，绝不会去干别的车型。

市场化程度越高的企业，企业家的作用越大。企业家需要有自己的企业，长城就是魏建军的杰作，也是他的舞台，更是其安身立命之所。当今中国的汽车行业，最稀缺的资源是货真价实的企业家，魏建军应该算一个。

潍柴控股董事长谭旭光

心无旁骛　专攻主业

访谈主持：何伟

访谈嘉宾：山东重工集团有限公司党委书记、董事长，潍柴控股集团有限公司董事长　谭旭光

> "政府要加速实施道路国六排放标准，具备条件的城市不要等了！有些轻卡发动机企业连根冰棍儿都买不起了，怎么还能有资金再投入研发？"

何伟：你是连任四届的全国人大代表，在企业家里不多见。今年全国两会，你提出的议案是关于排放升级的，也得到了国家的重视，你为什么要在争议中这样坚定地加快实施道路国六排放标准？

谭旭光：我们要加速实施道路国六排放标准，具备条件的城市应该提前实施。我还提出了非道路四阶段排放标准也要加速实施，就技术层面来看，我们已经完全有能力提前实现排放升级。

供给侧结构性改革和市场需求是互为条件的，没有需求侧的标准升级，就不会有供给侧的产品升级。如果行业内确定了实施道路国六标准的具体时间，就一定可以倒逼企业进行产品技术升级。

现在行业内有一些声音不断强调，面对排放升级，我国有很多条件不具

备，这也不行、那也不行，但如果我们不去推动，政府不去引导先进技术投放，那企业的内在创新动力就没有了。

另一方面，国家实施车辆排放升级规划，不能想怎么弄就怎么弄，一再推迟肯定不行。科技进步是要有规划的，产业发展也是要有规划的，政府应该明确告诉企业该什么时候干、该怎么干，透明度要高一些。这些问题必须要尽快得到解决。

做制造的企业不能有侥幸心理，要坚定不移地推动技术升级，更不要偷鸡摸狗、造假。前段时间，环保部首次对造假的轻卡企业开出大罚单。这些造假企业已经严重影响了轻卡产业的健康发展。

现在，一些轻卡企业为什么过得不好？是因为轻卡产业生态不好了，产品供过于求，市场低价竞争，供方体系严重脆弱。有些轻卡发动机企业连根冰棍儿都买不起了，怎么还能有资金再投入研发，怎么还能进行产品的排放升级呢？这样的企业势必要被市场淘汰。

排放标准加快实施，会有一批企业关闭，但也一定会有一批企业发展起来、成长起来，这是物质不灭定律，是市场发展的基本规律。有些整车企业担心，排放升级会引起成本上涨。成本上涨可以提高车价，有人买就卖，没人买就不卖，这是市场发展必须要经历的一段阵痛期，否则，这个行业怎么能取得进步和发展？

"我老谭的目标就是把重型内燃机领域的外资品牌挤出去！"

何伟：我们发现，目前国内的重卡行业和重型发动机行业，中国品牌占据主流，一些外资品牌被挡在了中国市场之外。潍柴做了很大贡献，这方面你有什么体会？

谭旭光：我老谭的目标就是把重型内燃机领域的外资品牌挤出去！很多外资品牌进入中国就是为了挣钱，但他们为什么没有成功？不是他们技术不行，而是没有把先进的产品和技术拿到中国，基本是拿落后的产品、落后的平台到中国来合资。这些单一的产品和平台无法满足当前商用车企业日渐拓宽的产品链，也难以形成规模。

潍柴现在是怎么做的？去年潍柴发动机销售近 70 万台，基本都是大排量的重型柴油机，不仅为集团内部供货，大量的销量是为行业服务。潍柴 2 200 多亿元的营收中，有 600 多亿元是来自发动机业务。未来 3 年内，潍柴在轻型柴油机市场也一定会取得领先，把外资品牌挡在中国市场之外。

液压市场也是潍柴未来的主要营收增长点，潍柴收购的德国凯傲集团旗下林德液压技术是全球最好的，但以前只给凯傲集团内部叉车使用，没有释放出发展的潜能。未来，潍柴供应的将不仅仅是液压系统，而是动力液压系统，这个目标今年底就可以实现。我们要把现在国内挖掘机上的外国发动机和液压技术都淘汰掉。

"潍柴的发展模式就是谭旭光模式，别人无法复制。"

何伟：潍柴从 20 年前濒临倒闭的亏损企业，到如今的行业龙头，创造了发展上的潍柴现象，外界很想知道这是怎样的发展模式？

谭旭光：有人问过我，潍柴发展是什么模式，搞不明白你老谭要干什么，实在让人看不懂。我的回答是，看不懂就对了，我就是要让你搞不明白，只有我自己才能搞明白，你要是搞明白了就能跟我学了。这是战略成功，这是我自己创造的模式，是谭旭光模式，世界上没有第二家企业能复制这个模式。

潍柴是发动机公司吗？不是；是整车企业吗？也不是。潍柴不会再像以前一样是一家周期性变化非常强的企业。过去的潍柴只为重型汽车配套，收入高低与国家政策拉动有很大关系。而今天的潍柴已成为一家业务涵盖动力总成、汽车业务、工程机械、智能物流、豪华游艇、金融服务六大板块的集团，实现了产品结构的大幅度调整。

潍柴的目标是要成为受人尊敬的国际化企业，成为竞争力持续提升的国际化公司。有人说潍柴已经是"世界 500 强"了，但对潍柴来说，这没有具体意义，只不过是个数字。世界上真正有本事的企业不会去追求一个排名，真正的国际化强企应该是"世界 500 强"中的强企、行业内全球前三。

"在资本市场上，潍柴经常会发布一些计划或承诺，我们所有的目标都是提前实现，从未食言。这一次也是一样，我们或许在二零二几年就能提前实现（营收 1 000 亿美元）。"

何伟：最近，你们接过了一面"迈向 1 000 亿美元"的大旗，依照潍柴现在 2 200 多亿元的收入，需要翻两番，是什么业务可以支撑你们实现这个目标？

谭旭光：潍柴提出了"2020 ～ 2030 战略"，通过两个阶段实现"从超越到引领"。第一个阶段是到 2020 年，潍柴传统业务要超越世界一流水平，这个目标没有任何问题，是近在眼前的，我们有底气、有信心；第二个阶段是到 2030 年，潍柴新能源业务要引领全球行业发展。

营业收入达到 1 000 亿美元，对于整个集团来说是首次发布这种长期的战略目标。在资本市场上，潍柴经常会发布一些计划或承诺，我们所有的目标都是提前实现，从未食言。这一次也是一样，我们或许在二零二几年就能提前实现。

何伟：20 年来，潍柴的发展速度已经很快了，现在潍柴还要按下快进键，要进入又一个高速发展的新阶段了。

谭旭光：我的价值观就是不搞封闭、要开放。我们把发动机、变速器供应全行业，我希望潍柴的核心技术能为全社会服务。我们卖发动机赚了钱，要再投入、再研发，继续为社会服务。最近，我还向一家客车企业承诺："你们用潍柴的发动机，我一定会给你们最好的商业政策。"未来，在客车发动机市场，我们会实现很大的突破。在传统业务领域，潍柴在卡车、客车、工程机械领域都有完善的布局，到 2025 年，潍柴发动机年销量一定会超过 200 万台。

德国凯傲的一大优势是智能化的物流技术，到 2027，年凯傲将从现在 100 亿欧元的营收规模翻倍至 200 亿欧元。在我国，智能物流是朝阳产业，是可持续高增长的产业。当前，我国物流体系还处在由低级物流向中级物流转型的过程中，随着人工成本越来越高，未来会加快高端智能物流技术的应用，德国凯傲以及美国德马泰克将在智能物流领域发挥更大的作用。

国际市场方面，潍柴去年在印度卖出一万余台发动机，还有很大的增长空间；今年底，白俄罗斯的潍柴马兹合资公司将建成投产；北美方面，潍柴战略控股 PSI 发动机，业务快速起步。新能源方面，潍柴重点关注氢燃料技术，2030 年以前，潍柴新能源业务将占总量的 1/3 左右。

"我们不会为了扩大规模而去并购一家只做发动机业务或只做单一业务的企业，潍柴的对外并购都以新业态、新领域、新战略为目标。"

何伟：潍柴在资本市场可以获得很多支持，是不是可以运用资本的力量在发动机、商用车市场展开更多的并购或合作？

谭旭光：潍柴拥有 6 家上市公司平台，确实有很多资本力量的支持，但我们不会为了扩大规模而去并购一家只做发动机业务或只做单一业务的企业，潍柴的对外并购都以新业态、新领域、新战略为目标。这几年，有人建议我去收购德国一家发动机企业，但我没有这样做。这家发动机企业的品牌价值对潍柴来说没有实际意义，而技术方面潍柴已经实现了对这家企业的超越，潍柴在成本上还更具优势。

今天的中国汽车产业，整体来看依然有浮躁的气息，很多企业要争销量第一，卖 10 万台发动机却对外报 12 万台，有什么意义呢？回过头来想一想，能不能脚踏实地做好本份工作，正如习总书记所说，要心无旁骛攻主业。

"潍柴的动力总成已经实现了由追跑到并跑，马上就要领跑了，但乘用车市场的动力总成还在追赶中。"

何伟： 对比商用车市场的成绩，你怎么看我国的乘用车市场？

谭旭光： 为什么乘用车自主品牌整体上是不挣钱的？为什么重卡市场能有效阻挡国外品牌的进入？这其中关键还是动力总成关键技术。在商用车市场，潍柴的动力总成已经实现了由追跑到并跑，并且马上就要领跑，但乘用车市场的动力总成还在追赶中。

我认为，乘用车市场国外品牌进来得太多了，行业对国外品牌的依赖度太大了，所以没有倒逼自主品牌企业提升创新竞争的压力。一些企业依靠合资，产品卖得很好，一年销售500亿元，250亿元进自己账，日子很舒服，还费力搞什么自主？我们要反思的是，出现这种现象的背后成因是什么？

现在，还有一些资本和互联网公司成为新造车势力，但造一辆车哪能那么容易？汽车行业有一些人在这其中跳来跳去，能耐不大收入奇高，今天这里年薪400万元，混不下去了明天换个地方年薪700万元，这么弄，汽车产业能好吗？企业引进的人才，并不都是优秀人才，有1/3是混子，如果潍柴有这样的人，我坚决干掉！

【商业评论】

无法复制的谭旭光

"我老谭的目标就是把重型内燃机领域的外资品牌挤出去！"在北京职工之家山东人大代表团住地，走路带风、声音洪亮的谭旭光，刚落座就展示了他争强好胜、敢说敢为的个性。早先我听过不少行业里流传的他的传奇轶事，此次谋面，果然名不虚传。

一双细细的眼睛盯着你看，用浓郁的山东话，配上富有力度的手势，把鲜明的观点传递给你，太有鼓动性和感染力了。

不过，此次让他格外兴奋的是，习总书记在山东代表团对他的一番肯定："这10年下来，你们交出了一份靓丽的成绩单，沉甸甸的。"

3月8日那天，习近平总书记参加十三届全国人大一次会议山东代表团的审议，谈及潍柴的发展时说，"你们心无旁骛攻主业，有的时候交叉混业，目的也是相得益彰推动主业，而不是商业投机性的发展。我们要避免脱实向虚，要从制造业大国迈向制造业强国，现在我们处在进行时过程中"，"凡是成功的企业，要攀登到事业顶峰，都要靠心无旁骛攻主业"。

谭旭光一时风光无二。盘点老谭这些年下真功夫干成的几件事：重组湘火炬，入主陕重汽，并购欧美三部曲，专注核心动力总成，掌握核心技术，布局"一带一路"……件件抓铁有痕，成为习近平新时代中国特色社会主义思想在企业发展方面的具体实践者。

今年是习总书记到潍柴视察的10周年。谭旭光如数家珍地说："这是我第三次向习总书记汇报。2008年5月8日，习总书记（时任中央政治局常委、中央书记处书记）视察潍柴时就作出了重要指示：'你们打造了民族品牌，为建设创新型国家做出了贡献，希望你们再接再厉，再创佳绩。'"2016年9月29日，在习总书记的见证下，潍柴与白俄罗斯马兹公司在北京签署在白俄罗斯合作生产发动机的备忘录。去年9月，潍柴马兹合资公司正式奠基，成为入驻中国-白俄罗斯工业园的第20家企业。

这次两会上，谭旭光向习总书记汇报了四个方面的内容。

第一部分是创新体系建设，潍柴建立了"三位一体"的创新体系。2008年，潍柴营收只有500多亿元，现在增长到2 200多亿元，利润从当年的29亿元增长到现在的超过100亿元。十年来，潍柴在发动机研发方面投入了150亿元，建立了一套完整的研发体系，走出了一条独具潍柴特色的转型之路。

第二部分是潍柴的专注性、专业性。多年以来，潍柴一直专注中国动力，在全球市场打造"中国制造"、潍柴品牌。从一家濒临破产的企业发展至今天，无论发动机行业如何变化，潍柴从未被房地产市场的发展所诱惑，而是一直专注发动机业务，打造了以动力总成为核心的黄金产业链，为彻底改变我国缺少重型动力总成核心技术做出贡献。

第三部分是扎扎实实推进军民融合发展战略，为军工行业做好服务。

第四部分是紧跟国家"一带一路"倡议，让"中国制造"走出去。

谈到行业的现象，他眼里不揉沙子，敢作敢为敢"放炮"。譬如自主乘用车搞不上去，还在跟跑，他分析主观原因是浮躁，直言缺乏脚踏实地的苦干精神；客观原因是乘用车市场让国外品牌进来得太多了。"我们这个行业对国外品牌的依赖度太大了，所以没有倒逼自主品牌企业提升创新竞争能力。一些企业依靠合资，产品卖得很好，一年销售500亿元，250亿元进自己账，日子很舒服，还费力搞什么自主？我们要反思的是，出现这种现象的背后成因是什么？你们汽车报就应该好好挖挖这些问题。"他的话有时刺耳，有时极端，但是细细品味，却不无道理，讲出了真相。

他是一个强势的企业家。"汽车行业特别是新造车势力有一些人跳来跳去，能耐不大收入奇高，今天这里年薪400万元，混不下去了明天换个地方年薪700万元，这么弄汽车产业能好吗？企业引进的人才，并不都是优秀人才，有1/3是混子，如果潍柴有这样的人，我坚决干掉！"

他是一个较真儿的企业家。"做制造的企业不能有侥幸心理，要坚定不移地推动技术升级，更不要偷鸡摸狗、造假。前段时间，环保部首次对造假的轻卡企业开出大罚单。这些造假企业已经严重影响了轻卡产业的健康发展。"

他是个极具中国特色的企业家。听听他的自我认知："有人问过我，潍柴发展是什么模式，搞不明白你老谭要干什么，实在让人看不懂。我的回答是，看不懂就对了，我就是要让你搞不明白，只有我自己才能搞明白，你要是搞明白了就能跟我学了。这是我自己创造的模式，是谭旭光模式，世界上没有第二家企业能复制这个模式。"

窃以为，同为企业家，境界是有差别的。浅层级的是干好企业自身的事，贡献利税，解决就业；中等是干好行业的事，成为领头羊、排头兵；高等是干好奉献社会的事，成为社会贤达，流传青史。做了四届人大代表的谭旭光无疑是第三种，是非功过如何评，他都是一个印记难消的标志性人物。

如今，老谭是行业里中国品牌的领跑者，下一步，他要跟随中华民族伟大复兴的脚步做世界的领跑者。今年，我们欣逢改革开放 40 周年，那一年，他高中毕业进入潍柴开启人生职业，40 年没换过单位，没离开过本行，可谓心无旁骛 40 年。时间的巧合，也让他成为我们寻找的绝佳的纪念活动的样本。所以，此时此地与老谭的交流，意义匪浅。

福耀玻璃董事长曹德旺

做企业家先做人

访谈主持：何伟

访谈嘉宾：福耀玻璃集团董事长　曹德旺

　　"以市场换技术"艰辛发展的中国汽车工业，却拥有着独占全球汽车玻璃产业鳌头的福耀玻璃。公司掌门人曹德旺是中国最知名的企业家之一，不仅公司发展经历令人好奇和尊重，而且曹德旺个人对国家社会有着少见的传统士大夫风范，常以一颗赤诚之心对公共事务直言利弊。

　　中国汽车工业基础羸弱，为何福耀玻璃能在三四十年里发展成为车用玻璃全球龙头？汽车玻璃是传统行业还是高科技行业，福耀玻璃未来将如何重塑汽车玻璃的智能化？

　　近日，《证券时报》"上市公司高质量发展在行动"采访团走进福耀玻璃，证券时报社社长兼总编辑何伟与福耀公司董事长曹德旺进行了一场深度对话。

"做企业家先做人，要有三个自信"

　　何伟：中国改革开放四十年来，最大的成果之一是出现了许多企业家，大家认为您是一个当之无愧的代表。许多企业家成色不一，但是真正的企业家非常不容易。您的自传体著作《心若菩提》，我昨天晚上也在学习，我感

与福耀玻璃董事长曹德旺对话

觉不论做产品、做企业，还是做人，您都很成功。

曹德旺：实际上，要想做好企业、做好事业，先学做人，做人很关键。企业家不是成色不一样，而是中国人对企业家的认定是没有标准的。

何伟：您认为企业家应该达到什么样的标准？

曹德旺：按照国际评选标准，企业家必须是创业者，从无到有、从小到大，诚信经营，企业业绩良好、有持续发展的能力。他不是白手起家不算企业家，不是创业者不算企业家。

何伟：先决条件必须通过创业，从零到一地发展起来。所以，现在一些所谓的企业家是不够格的。

曹德旺：现在把有生意做的就称为企业家。但是，对歌唱家、歌手，或者画家、画师、画工区别得很清楚，反而对企业家没有区分。有的人看不起企业家，觉得做生意就是为了赚两头的钱，我觉得这些人非常奇怪。反而，有些读书人一当官，贪污、受贿一大堆，弄得满地垃圾也是这些人。

何伟：可以锁定一下国家改革开放以后的一些民营企业家，比方说柳传志、李书福等，企业家对社会有着积极的作用。

曹德旺：作为企业家应该要服从国家的大局，服从政府的决策。企业家靠自己自觉，他不能靠别人来提供什么。

企业家是一个很高尚的职业，真正做企业家必须具备三个条件：首先，必须具备文化自信。他首先有信仰、肯读书，有很丰富的阅历来支持他的工作，能够适时地把所学转化成所用，要达到孔子讲的学而时习之不亦乐乎的状态，这叫文化自信。

第二，必须行为自信，敢作敢当，能够实实在在地、切实地履行商道。什么叫商道？商道就是义利兼济，做到不犯天条，不犯众怒，像这次长生生物出的问题就是犯天条、同时犯众怒。始终坚持敬天爱人，把这作为自己的行为准则，才会有自信。你做的事情不是犯规就是犯法的时候，分分钟公安局会追捕你，你敢自信吗？你在任何场合都不敢讲话，也不敢出门，一走出去就被人家看见了。

第三是能力自信，作为公司董事长，无论是决策能力，还是对公司的管理能力，应有足够的经验来支持他。

如果说想追求成功，要先深入到行业的第一线去，踏踏实实去学。学到什么都懂以后再上来，坐到那个位置上面，一步一步来。不可能说今天注册一家公司，明天上市，后天就变成世界级的富豪，没有这么容易，成功没有捷径可以走。这就是我几十年创业对企业家的感悟。

"下等人讲话直来直去，像我这样没有遮拦的"

何伟：刚才说到了做企业，做产品，您都很成功，其实大家对您非常关注，粉丝很多，您也是明星企业家，不知道您接不接受这个称号？

曹德旺： 这个不是我接受不接受，是看大家有没有这个雅兴。当然，谁都想当明星企业家了，而且不是我花钱实现的，明星企业家是大家评价的。

何伟： 我们分析，主要是您说了一些行业里面的实话，仗义执言，特别是比方说到美国投资的税收问题，各种成本的事情。您现在是一位智者了，过去您需要开悟，向一些名师、名家去讨教，现在很多人都要向您讨教了。您觉得现在回头看，有哪些做企业家的感悟？

曹德旺： 为什么我会在公共场所那么敢讲，你们现在不敢讲呢？这就是我们中国古代文化糟糕的地方。鬼谷子把人分成三等，下等人讲话直来直去，像我这样没有遮拦的，胡说八道的，见什么说什么；中等人是拐弯抹角的，一个事情绕着弯子讲；上等人惜字如金，一句不讲，要千金才讲一句。

这就是中国的文化，您看今天采访您就比我讲得少。我反正是农民企业家，无所谓，下等就下等，胡说八道。但是我认为，这也就是中国的现状，也是中国的传统文化，这个得到我们祖宗的真传，美国人可不是这样的，比如特朗普就跟我一样，会胡说八道，但他在中国的话，肯定也是惜字如金。

"他们说我长得很帅，我说就是做慈善做的"

何伟： 您最早创业从事水表玻璃，然后与汽车玻璃结下一生缘。改革开放发展四十年了，您觉得福耀几十年来经历了哪些重要阶段，为什么要扎根玻璃行业？

曹德旺： 我最早开始做汽车玻璃，开始做水表玻璃只是为了离开农村，不要当农民，就这么简单。

中国真正结束票证时代是在 1995 年，到今年才 23 年，有今天，我认为中国人太伟大了，太了不起了，应该值得骄傲。我一开始是乡镇企业的采购员，后来工厂实在不行了，我给它包过来做，赚了钱以后，那些一起承包的股东把钱分了就要赶快走人，他们担心政策变化。

我认为总得要做下去，政策本来就是会根据情况调整的，如果一个政策长期不变，就完蛋了，因此我想，你们不做，那我继续做下去。他们说企业家有罪，我认为我没罪，别人说我卖高价，但是日本人在中国一片玻璃卖几千元甚至上万元，我比他们便宜得多，这对国家是有贡献的。而且我不走私、不偷税、分红的钱拿去捐，我变成慈善家是这样来的。后来捐上瘾了，我认为钱没有用，够吃就行，捐款了心里才会开心。

何伟： 做慈善心里很快乐。

曹德旺： 他们说我长得很帅，我说就是做慈善做的。

何伟： 所以说，回过头来看，好多事情都是环境逼出来的，然后一直走到今天的成功。

曹德旺： 对，但是自己心要正，我当初要心没有正，第一次就被他们整倒了，后面我就更加严谨一点。这样也好，福耀现在非常健康，就是这样逼出来的，我们从发股票到现在，包括 2015 年在香港发 H 股募集的资金在内，福耀总共向资本市场拿回来的钱不足 80 亿元，我们派息 100 多亿元了。

何伟： 福耀分红已经达到 100 多个亿了。

曹德旺： 我们交税交了 100 多亿元；我做慈善，个人也捐了 100 多亿元。福耀集团现在没有负债，企业非常健康。因为我们知道可能这一波危机非常严重，我们提前做好准备。

何伟： 三个一百多亿元。

曹德旺： 现在福耀资产情况很健康，我很开心。

何伟： 我觉得您对佛教文化有很多的学习和感悟，这当中有没有什么机缘？佛教文化对您做人、做企业是有很大帮助的，在您的创业当中，实际上是给您很大的帮助的，特别是在精神层面上。

曹德旺： 不仅仅是佛教，我知道美国芝加哥有一个教堂里面什么都没有，没有耶稣的像，也没有佛教，没有释迦牟尼也没有老子，也没有孔子，空空荡荡的。但礼拜六的时候，礼拜天的时候，人家天主教到天主教教堂，基督教到基督教教堂，还有一种没有地方去的人，全部到这个教堂，自己面壁，您想什么就是什么，因为任何教派都是劝善，信仰宗教是教您学会做人。

"跑得太快的话，没有灵魂没有用"

何伟： 汽车玻璃从替代进口，到现在国内市场占有率达到了65%，应该说在自主零部件是非常成功了。为什么中国自主品牌乘用车，到现在还不尽如人意？

曹德旺： 为什么中国的乘用车很多人都非常优秀，但他们现在没有办法做到像奔驰那样呢？因为他不能独立生产，有很多行业影响他，包括应用材料的技术、工装模具技术、零件加工等，包括汽车生产线的管理干部、工人，与国外都有一定的差距，需要提升。这一点，我认为中国人应该承认。

成功需要努力，同时需要时间来沉淀它的文化。中国真正发展的时间毕竟太短，1978年提出来改革开放，80年代初真正执行，我1983年承包工厂，那时大家对政策还有一些顾虑。您说什么时候做起来？从不会到会，个别很聪明的企业，也得十几二十年。

何伟： 做汽车需要一个积淀的过程。

曹德旺： 任何企业、任何事情都需要一个积淀，我做汽车玻璃也需要。

何伟： 但是，为什么福耀玻璃这么快就走向国际化了？

曹德旺： 我们千万不要太高兴，因为玻璃行业是传统产业。我们研究了欧美的市场，美国七八十年代开始去工业化，把有污染、劳动密集型的产业转到亚洲，技术含量有一点高的就转到欧洲去，玻璃当时算技术含量比较高，所以没有转。

进入 2000 年以后，玻璃开始从欧美转出来，刚好我赶上了这个时候，所以借助他们的技术做第一条生产线。我们中国人很聪明，我的员工很努力，生产线很成功，然后 2005 年、2006 年开始大发展，到今年才 13 年的时间。

何伟：福耀玻璃大发展有 13 年时间，也是从新世纪之后才开始的。但是，我们乘用车已经做了 20 多年了。

曹德旺：从 1976 年到今年，我已经是连续 42 年一直在做玻璃。开始 20 多年，我从不会做玻璃到学会做玻璃，后面经受住其他诱惑，专注做玻璃。现在，福耀玻璃每年投入超过 20 亿元，不断革新这块玻璃。

中国企业去做汽车，不能什么都做。一部汽车五大件里面，有变速器总成、发动机总成等，最多它们只能做到车身总成，很多现在做不出来，整车制造就会受到限制。

何伟：您觉得现在咱们国家自主品牌汽车下一步还需要在哪些方面下工夫？

曹德旺：我认为慢一点走，让灵魂跟上你的脚步。跑得太快的话，没有灵魂，乱跑也没有用。

何伟：原一汽集团总经理竺延风在中国汽车工业界有一句名言，"要耐得住寂寞，埋头苦干 20 年"。中国汽车自主品牌应该希望寄托于产权比较清晰、真正有事业心的企业家身上？

曹德旺：竺延风已经缩短时间了，但是我们已经错过了黄金发展的时间。我最大的优点，做了对得起中国人的事情，在汽车玻璃领域，我赚了钱没有拿走，不断在投资汽车玻璃。我的想法就是，为中国人做一片好玻璃。

"不发愁美国市场，肯定要跟我买"

何伟：所以打造中国汽车品牌，需要我们更多的耐心。回到福耀玻璃所属的汽车零部件行业，我们看到中汽协最近的数据显示，汽车产销首次出现了下降，加上中美贸易摩擦不断，是否意味着福耀玻璃已经遇到发展的天花板？

曹德旺：福耀玻璃的发展不存在天花板。打个比方，您到菜市场买菜时，老太太说我这个菜好，我卖给您五毛钱一斤卖亏本了，那么亏本您为啥卖，您肯定有赚钱。但是，老太太不管您愿不愿意听，她必须那样吆喝、忽悠。特朗普作为美国的总统，自然为美国利益争夺时发出各种言论，他是在扮演他自己的角色。

您在菜市场买菜，有时卖方啰啰唆唆说卖亏本了，有时买方啰啰唆唆提出各种要求。那卖方他只能笑一笑说，我卖不了，您出的价格太低，我不卖给您，但是他们不会在市场上打起来。

何伟：福耀玻璃在美国有很大的一块市场，会受到什么样的影响？

曹德旺：我不发愁。因为我知道您肯定要跟我买，您没其他地方去买，全世界只有中国人在做玻璃。而且，卖玻璃总共才赚您 5%，您征 25% 税，导致我没法做生意，那您怎么办、去哪儿买？这是现实的事情。

刚才提到 2000 年后玻璃行业从美国转出来，但是如果美国现在想继续做，是高难度的。高劳动密集型的产业应该是要继续转出来的，但美国想要恢复制造业大国的话，要几十年才拿得回去。因为现在已经像决堤一样，水往下冲是止不住的，没有熟练工、队伍不稳定，做不起来，企业会亏本。

何伟：如此看来，福耀玻璃下一步会继续聚焦主业发展，还要扩大、优化汽车玻璃的结构和品种。但是好多企业会在主业之外做一些多元化的扩展，福耀聚焦汽车玻璃的战略未来会有变化？

曹德旺：不会变化。福耀玻璃的发展已经有 30 多年，我个人在业内做了 42 年。

福耀玻璃董事长曹德旺带作者参观展厅

何伟： 福耀玻璃在国内没有竞争对手了，是否还有值得福耀学习的国外企业？

曹德旺： 肯定有。因为各有所长，不同的人、不同的角色，都有不同的长处值得我学习。福耀能够有今天，源于我们的文化是学习型的、创新型的，要虚心地向天下学习，坚持持续创新，这是我们总的纲领性思想。

【商业评论】

真人怪杰曹德旺

在摄像机前落座后，为向这位明星企业家示好，我手持一本他的得意之作《心若菩提》，谈了我的读后感。

"我可从不看证券报"。他的回敬一点也不客气。

这小老头，手带串珠，个头敦实，口音明显，一双不大的眼睛偶尔会闪露出锐利的目光。72 岁了依然活跃在国际商战的舞台上，毫无倦态退意。他不喜欢正襟危坐的访谈，自嘲喜欢胡说八道，编辑部事先准备好的题目也被他的任性推翻了。我索性与他一起，进行没有提纲的访谈。

曹德旺是个爱讲实话的企业家。

他经常有一些惊世之言、盛世危言。房市正火的时候他放炮："房地产崩盘是早晚的事，手里多余的房子应该尽快卖掉。"国家推出"中国制造 2025"的时候他直言："中国制造业的综合税务比美国高出 35%。"到美国办厂的老总又不止他一人，独他要大喊美国办厂的优势，显得很没城府。本来砸 10 亿美元海外建厂就易遭非议，在参加一场企业家活动演讲时他脱稿反问："我什么时候跑了？跑到哪里去了？哪里有汽车，就跑到哪里去。"他很讨厌说套话假话，很不屑于说话的国粹艺术：三等人直着说，二等人绕着说，一等人不大说，并自嘲是三等人，不怕得罪人。传奇色彩浓郁的自传《心若菩提》，口口相传，市场几近脱销，通篇都是实话实说，其中不乏隐私爆料，情节之坦率令人瞠目。他不太在意修饰维护自己的名人形象，这反倒让公众不讨厌这位富豪，甚至冠以明星企业家的良好口碑。

曹德旺是个透明的企业家。

一如通透的玻璃，连自己的婚外情也不遮挡。别的老总遇到红颜知己，藏还藏不过来，曹德旺却通过媒体主动坦白：曾经遇到过一个不同的女人，那是一个让我想把家都扔掉的女人。别人建了豪宅总要防着媒体，他却主动让电视台直播福州 7 000 万的大宅院，16 位美女管家，满屋茅台，还有私家菜园……生怕别人不知道。他显然不是苦行僧，心安理得地享受着成功带来的回报，买豪车建豪宅犒劳自己，不会矫情地大谈奉献或高尚。另一件是做慈善。别人捐钱都会有高大上的动机，他却坦白起初的动机很自私：因为担惊受怕被游街批斗，挣到的第一笔大钱不敢往口袋里揣，索性捐出去，落个睡觉踏实，还赚个好名声。孰料钱捐出去后，曹德旺有个意外发现：行善可以让内心感受到无比的快乐。后来捐款一发而不可收，"无心插柳"成了"慈善大王"。10 多年来，他一气捐掉了上百亿！

曹德旺是个另类的企业家。

做产品做成"玻璃大王"，做企业做成行业龙头老大，做人做成了明星企业家。然而，他的心思却很怪，说这些常人眼里的成功在他看来没啥意思，他想出家当和尚，去寻求人生迷茫的答案。换个企业家谈成功，总有几条属于自己的聪明才智，他却说自己的每一步成绩都是被逼出来的。例如，福耀创业以来，一直小心翼翼遵纪守规，不敢偷税漏税，是因为早年曹德旺得罪了乡镇领导，怕他们找碴打击报复。这一担心反倒保佑福耀一路坦荡，成为A 股的模范企业，福建省的标杆。他是一个只有中国土壤才能长成的企业家，来自底层，有着底层的实诚，也有着底层的智慧，有着民营企业家的魄力，也有可遇不可求的运气。

对曹德旺的成功，专家说他机会好，做玻璃赶上了汽车大发展，走出去赶上了美国制造业转移，但是，我更感兴趣他把机遇提供的可能性发挥到极致的能力。这就是个人的禀赋在起作用。曹德旺从小跟随父亲学做生意，父亲教诲说做事要用心，让他掰着小手指头数数要用多少颗心：用心，真心，爱心，决心，专心，恒心，怜悯心。等到几十年后功成名就，曹德旺一一悟出这些个"心"的含义时，他伤感"父亲已不在了"。

与他的访谈既不轻松也不愉快，因为他不客气，不迎合，不配合。我思忖，也许正是这种个性，让他完成了不可能完成的业绩。中华民族的复兴需要纯真的企业家，遗憾的是还不够多，曹德旺算一个。

长安汽车总裁朱华荣

酸甜苦辣向上走

访谈主持： 何伟

访谈嘉宾： 重庆长安汽车股份有限公司总裁　朱华荣

开栏的话：

中国品牌强，则中国经济强。自主品牌汽车强，则中国汽车强。在世界汽车产业转型升级的背景下，在中国汽车产业由大到强的路上，中国自主汽车品牌正在发挥比较优势，走出一条具有中国特色的发展之路。

今年1～4月，乘用车整体市场微增2.5%，自主品牌乘用车却同比增长4.6%，市场份额同比提高0.9个百分点，达到45%。不同的自主品牌企业，既有个性又有共性。在他们站稳中国、走向世界的奋进之路上，有哪些不可复制的DNA将成就未来的品牌个性，又有哪些独特的经验可资行业借鉴？在今年国家发改委首次设立"中国品牌日"的大背景下，《中国汽车报》从本期开设"中国品牌巡礼"栏目，实地走访主要的中国品牌汽车企业，深入采访报道，力求生动地回答上述两个问题。

"外界看到的是百万辆的光环，而长安不敢骄傲和放松，我们始终怀有强烈的危机感。"

何伟： 回顾我国汽车行业近几年的发展，亮点很多，但中国品牌的崛起

与长安汽车集团总经理朱华荣对话

特别是在自主乘用车方面的进步，应该是最大的成就。为此《中国汽车报》今年策划实施"中国品牌巡礼"系列报道项目，旨在为自主加油呐喊，同时也希望探究与梳理自主企业的发展脉络与经验教训。长安汽车被业界定为自主品牌的"领头羊"，连续多年在自主乘用车板块销量过百万辆。所以，我们编辑部在讨论巡礼的首站时，大家一致认为应该从"领头羊"长安开始。我们想敞开聊聊。

朱华荣：感谢《中国汽车报》如此看重我们。对汽车产业与汽车企业来说，认真与踏实是最重要的。我们不敢妄称"领头羊"，需要学习和积累的还有很多。处在当下的竞争环境里，我们不敢骄傲，也不敢放松。充当中国品牌的"领头羊"，压力很大，绝不是件轻松的事。

最近三五年，长安投入非常多，付出也非常多。外界看到的是销量增长、过百万辆的"光环"，但我们内部非常清醒，知道自己这些年过得很痛苦。为什么？因为长安的危机感很强，如履薄冰地过日子。领跑是暂时的，实际上，长安的"领头羊"地位主要是基于销量，连续多年位居首位。但今年以来，长安自主的销量增长有所减速，而吉利、长城等追兵兵临城下，长安的"领头羊"地位并不稳。之前，我们开中层干部会，三分之一时间讲成绩，五分之一讲问题，其他时间布置工作。现在我在干部大会上，有机会就讲危机。成绩有，但是点到为止，重点是讲问题、讲不足。而且更多的是讲面对未来发展的问题，探讨如何一步步去解决问题。

"战略牵引至关重要，我最怕犯战略上的失误。"

何伟：对中国汽车人来说，我感觉我们处在一个最好的年代和最好的行业里。对自主品牌来说，赶上了建设汽车强国难得的机遇期和黄金期，但是过来人都知道，干自主是自讨苦吃，过去自主从来没有像今天这样被看好，难得的是长安坚持自主不动摇，你们一定是饱尝了艰辛和酸甜苦辣。前不久我国《汽车产业中长期发展规划》（下称《规划》）发布，这个规划对长安来说意味着什么？怎么落地和执行？自主车企又将何去何从？

朱华荣：用酸甜苦辣形容我们干自主的，很贴切。说到《规划》，我先给你介绍一段小插曲。在这个文件出来后，工信部曾经主持了一次全国范围内很大规模的宣贯会，并找了三家企业代表在会上发言。这三家企业分别是长安汽车、比亚迪和宁德时代。我就很好奇，问工信部苗圩部长，为何让长安发言而没有选其他企业？苗部长解释说："发言都具有代表性，长安代表自主品牌，比亚迪代表新能源汽车，宁德时代则是电池技术的代表。"

更令人感到振奋的是，《规划》出来后，我们发现国家为汽车产业预设的发展方向、希望支持的方向、希望企业努力的方向非常明确。在这个文件中，很多判断、用语乃至基调，与之前长安汽车为自身所作的战略规划很一致，这肯定了我们对产业走向与市场趋势的一些认识，坚定了我们的发展信念。我们企业最怕的事情是，决策没有对上国家产业政策的走向，犯战略上的失误。

经过痛苦思考与反复琢磨，长安对未来汽车产业的发展及规律性认识自我感觉还比较靠谱。长安一直认为，战略牵引非常重要，所以长安向来是制定十年战略。去年，我们就确立了2025年长安汽车的一系列战略、目标及策略，其中就明确了到2025年长安汽车力争要成为世界一流企业。

"我们与合资方平起平坐，这个地位是我们赢来的。为何？因为我们掌握了核心技术。"

何伟：《规划》中提到，到2025年，若干家中国汽车品牌企业产销量进入世界前十强，成为世界一流车企。长安的2025目标也是跻身世界前十强，这里强调的是哪些量化指标？

朱华荣：量化指标上，我们希望长安自主品牌汽车2020年达到230万辆的年销量，2025年达到350万辆。去年，这一数字为172万辆，今年确保190万辆、力争200万辆。但我们不能把目光过多聚集在数量上。我认为，在汽车行业里打拼，不做一流，就会有生存危机，因为这是一个全球性竞争产业。此前，我看到过一个排名，是关于全球所有乘用车品牌在中国市场的影响力，长安汽车的影响力排在第二（大众是第一位）。但同时也还有一个全球市场影响力排名，在这个排名里，长安汽车仅在13～14位。

何伟：大家都知道，资金并不宽裕的长安在研发上很舍得投入，数额在国内车企是很高的。开发一个新产品，大伙基本是没有星期天，没有节假日，把西方人喝咖啡的时间都用在研发上，内部没有怨言吗？

朱华荣：我们已经习惯加班加点了。汽车企业要想生存下去并成为一流，在研发方面的长期可持续投入是至关重要的。在这一点上，中国企业与世界一流企业仍有很大差距。有一个统计，去年全球TOP10汽车品牌，平均研发费用是每年69亿美元。而中国TOP10自主品牌的平均投入则是3.4亿美元（长安要略高一些）。这意味着什么？打个简单的比方，如果3.4亿美金能做一个项目，那人家就能做20个项目；如果我们投入 3.4 亿美元突破一项关键技术，那人家就能突破 20 项关键技术。所以，尽管压力巨大，但长安在研发领域的投入是不遗余力的。

在长安集团，我们可以自豪地讲，我们与合资方平起平坐，这个地位是我们赢来的。为何？因为我们掌握了核心技术。前不久长安汽车的全球研发中心启动建设，将集成更多智能化、电动化、网联化、轻量化的新技术，以及加强本土化造型设计。这是基于我们对未来汽车产业趋势的判断所作的决定。

至于哪些中国汽车企业有望成为世界一流，我认为都有希望。长安汽车有雄心，但我们的步子要迈得稳一些。一方面实现量上的突破；另一方面，要实现真正的转型及影响力的提升。

"中国品牌具有明显的成本优势是个伪命题。"

何伟：放在全球化的角度，中国品牌相比国际品牌来说，还有成本优势吗？

朱华荣：目前，长安的自主品牌比合资品牌的国际化程度更高，我们做到了国际视野，全球采购。很多人说，中国品牌具有明显的成本优势，我认为这是个伪命题。我们所拥有的成本优势，那是短期内或者说过去的一定人口红利、劳动力成本低带来的，但不可持续。随着城市化进程加速，这个优势正在流失，这一点我们感触很深。在重庆，中国高级专家的薪酬反倒比欧美专家还要高。这是由于中国人才竞争体系相对来说不太规范、需求上的短缺造成的。实际上，成本有差距，规模上更有差距。有的企业把两三款车都叫一个名字，统计时放在一起，虽然在数据上亮眼了，但实际上对任何一款的投入都不小，压力都很大。

举例说明，有人认为在新能源汽车领域，长安"起了个大早、赶了个晚集"，脚步走慢了。事实上，长安在新能源汽车领域的战略一直没有变，那就是"积极、稳妥"。"积极"就是研发积极，无论是 PHEV、HEV 还是 EV，把一系列技术都打通，包括积累一系列专利。"稳妥"就是上量稳妥、产能稳妥、市场稳妥。这与长安所处的环境有关系，长安不像有些企业，可以拿到大量地方补贴。在这样的情况下，如果亏损过多，对于长安这个上市公司来说会有影响。因此，在新能源汽车方面，近几年长安一直是控制型销售。当然，我们也在探索一些新方法，比如在全国成立了八大租赁公司，也是为了解决这个问题，寻求新的新能源汽车商业模式。

"长安的向上之路是先把产品高端化，而不急于推新品牌。"

何伟：自主品牌近几年确实取得了跨越式发展，但也面临着巨大压力。正在面临的就是与合资品牌的正面交锋——合资在向下，自主在向上。前不久落幕的上海车展，吉利推出了领克，长城推出了 WEY，广汽传祺产量增速也很惊人，大家关注"领头羊"长安这条向上之路打算怎么走？

朱华荣：关于走高端的问题，长安自 2010 年起就已经开始研究。但后来的结果是，我们把单独打造一个新品牌的模式否了，认为简单做一个新品牌，把产品、价格、用户向上提，代价太大，并且成功的可能性小，因此暂停了这个计划，取而代之的是用产品高端化带动品牌向上，这样走比较踏实。

如今，长安汽车在市场上的品牌形象已经有了很大改变与提升，口碑也积累起来了。去年，在一项品牌调研中出现了一个非常好的结果：被调研的客户包括一些竞品客户认为，长安汽车是高质量产品的提供者，在市场口碑方面优于诸多自主品牌。

长安的向上之路是先把产品高端化，而不急于推新品牌。当然，长安也未放弃打造高端品牌的路线，但还需要理性规划，以规避风险。我不否认其他自主车企的这种做法，或许他们的资源更多，但长安的想法是，一方面是产品带动，用好的产品提升品牌影响力；另一方面探寻新的商业模式，以战略转型带动向上发展。

眼下合资与自主已经是交叉竞争了，好在消费者对自主品牌的认可度正在增强，汽车消费也日趋理性。我们有一项市场调研表明，37% 的长安用户是由合资品牌用户转移来的。在北京市场，这一数字竟然高达 80%。

"身强体健是自己炼出来的，不是靠补药补出来的。"

何伟：为了"多生孩子好打架"，有些企业采取多品牌战略，长安的品牌和标识也不少，是否也有这样的意图？

朱华荣：我们的品牌定位也是在摸索中日渐清晰的。内部正在进行品牌体系的优化，去掉了一些品牌不清晰的"尾巴"。比如根据长安未来发展，乘用车领域将是两个品牌，一是 V 字标，二是把长安商用改成长安欧尚。每个品牌既有独特性的东西，又有平台共享。

在战略转型方面，我们判断，随着整个社会发展和技术的推陈出新，由消费电子产业变革带来的市场、用户变化将影响到汽车产业。传统汽车制造企业必须向科技服务企业转型。因此近一段时间，长安频繁与互联网公司、科技公司合作或签署战略协议，比如蔚来汽车、英特尔、科大讯飞等。

事实上，企业转型与产品转型是相辅相成的。品牌要向上，产品结构就要围绕健康发展来操作。这几年，我们陆续砍掉了 80 万辆产能；去年年底，我们又砍掉了 7 个车型。快速淘汰、主动进行产品结构调整。

当下，有的品牌是靠政策、靠补贴生存，这是中国的特殊环境所致。虽然短期看长安有吃亏的地方，但长安的身强体健是自己炼出来的，不是靠补药补出来的。

产品方面的智能化、电动化、轻量化、网联化是方向，但商业模式是向共享化发展。同时，企业从原来只提供产品，不直接面对消费者，到向提供产品＋服务＋出行解决方案转变。为此，长安做了一系列尝试，比如成立自己的车联公司、打造生态圈等。长安现在拥有 1 400 万的用户数据，如果以每个家庭 3 个人来考量，那么，1 400 万用户数据就能覆盖约 4 000 万受众群体，所以我们正在考量建设金融、保险、后服务等大的生态圈。

当然，品牌向上还有一个重要方面不能忽视，就是"走出去"。在海外战略上，长安坚持聚焦、聚焦、再聚焦，从全球撒网到"883"——8 个乘用车市场、8 个商用车（欧尚品牌）市场、3 个重点投资市场，2020 年争取进军欧美地区的其中一个市场。

何伟：对接下来的中国汽车市场走势怎么判断？其中自主品牌将发挥怎样的作用？

朱华荣：对于整个中国汽车市场，我认为接下来一段时间将进入稳定、平缓增长。对于自主品牌，则是谨慎性看好。为什么谨慎？当下合资与自主已经是交叉竞争了，一个向下，一个向上，但还未到最激烈的时候，我们需要做好心理准备。

对于自主品牌来说，未来要走的是一段价值向上的发展过程，这比销量增长更重要。这个过程可能会走得更漫长一些，而不是像过去那样主要以价格竞争获取优势。汽车行业的竞争之所以是马拉松赛，要靠品牌取胜。而品牌的培养成熟需要时间积淀，靠一两个爆款产品是远远不够的。品牌向上的不同路径，最终都是体现在给用户带来的价值体验感，核心是品牌故事、品牌诉求与品牌价值观。这个不是短期内就能实现的，因此必须得耐得住、坚持下去。

【商业评论】

"长安从未摆脱过危机感"

朱华荣这句开场白着实让我心头一震。5 月 9 日，山城重庆，长安老厂区的老办公楼里，我们初次交谈，他就如此坦诚。几个小时下来，我们对长安"生于忧患"多了几分思索和理解，更悟出了长安之所以能成为自主品牌"领头羊"的内在成因。

不错，恰恰是危机感成就了今日的长安。环顾今日华夏，中国品牌乘用车已成气候，品质向上依稀可见。但回头望，自主品牌从一开始就从来没被看好过，一直处在生存的逆境中。20世纪80年代自主品牌起步，长安自力更生悄悄干起了微车，一炮打响。2001年入世后，行业大喊"狼来了"，再度陷入覆没的悲观境地，长安没有"穿上跑鞋"随大流，而是燃起自主品牌的火炬，埋头苦练正向研发的内功。2008年，爆发国际金融危机，自主又被推上唱衰的前台，包括权威人士都认为，合资向下很快会把自主挤出市场，而此时长安则登上了年产销百万辆的台阶。几度风雨，几度沉浮，步履踉跄，争议不断。然而，秉承自强不息民族基因的长安就像是个倔强的少年，挤不死，压不垮，环境严峻反而激发出创造力，千难万险反倒成为强身的养料。看今日之长安，正是这一艰辛历程的缩影。

长安身世显赫。作为中国首家现代工业的国企，首任董事长正是晚清重臣李鸿章。这是一段一曲九折的民族慷慨之歌。在"师夷长技以自强"的洋务运动之始，知耻而后勇的李鸿章创建了上海洋炮局，开启了近代工业的先河。

历史的列车驶入改革开放这一站，长安从军工转民用，生产的中国第一辆微车于1984年下线。当年的洋炮局变成今天的汽车厂，厂址也从长江口溯源到长江头。长安起步靠自主，基因是自强。长安走上自主这条注定艰难的不归路，与其说是自我的选择，不如说是时局的逼迫。150多年，长安见证了民族工业的兴衰，今天又当仁不让冲上了中国品牌的前沿，冥冥之中该是一种历史的宿命。

技术出身、思维敏捷的朱华荣大学毕业后即加盟长安，从最基层的工程技术人员做起，期间主持完成多项国家和省级重点新产品项目，一步一步做到长安汽车总裁。在他的带领下，长安先后在中国、意大利、日本、美国、英国建立了全球化的研发体系，使长安成为中国第一个在海外建立研发基地的汽车企业，并成功探索出了一条"以我为主、自主创新"的具有长安特色的自主创新道路，被国务院发展研究中心定义为"长安模式"。

在我看来，长安的成功，因素固然很多，但主要得益于天时地利人和。天时，从起始开发的微型汽车到后来系列品牌都颇接地气，特别是在广大的西南市场；地利，偏于一隅的地理环境反而成就了队伍的稳定性，培养出了企业上下一、心无旁骛、踏实苦干的作风；人和，领导班子几经更替，但是，萧规曹随，一张蓝图绘到底不翻烧饼不折腾，保持了战略定力。这里既有军工企业执行力强的优良传统，又有遵守市场规则的鲜活因子。

"到 2025 年，长安一定能做到世界一流（即进入世界 10 强）。"朱华荣说得很有底气，如果做不到，在这个行业就待不住，就有存亡危机。所以，长安发狠劲搞技术研发，第一家在海外建研发中心，保持每年 5% 的研发投入强度，高薪礼聘技术人才，特别是海归人才。据说，汽车大概有 292 项核心技术，长安一项一项地攻，已经掌握了 272 项，这似乎是个笨办法，但功夫不负有心人。干自主要非得耐住寂寞，难道还有什么捷径可走？

说起做自主品牌，壮我中华，不乏豪言壮语，信誓旦旦，但真想干真能干的有几人？中国汽车的自主之路漫长，西望长安，我们充满期待。

奇瑞汽车董事长尹同跃

奇瑞走出"青春期陷阱"

访谈主持：何伟

访谈嘉宾：奇瑞汽车股份有限公司董事长　尹同跃

中国进入工业化社会的时间比较短，对体系与流程方面的建设不太重视，我们为此花费了很多时间来转变这种观念。过去几年，有人说奇瑞有些沉寂，但实际上，我们是在建立体系和流程。

何伟：我们知道，奇瑞是自主品牌的最先领跑者，曾创下很多第一，为中国自主品牌立下了汗马功劳，甚至可以说，奇瑞对行业的贡献要远远大于对自身发展的贡献。但在上一个辉煌之后，从外界来看，奇瑞这两年似乎有一点沉寂，遇到了问题，发声也少了。我们想知道奇瑞在埋头忙什么，有什么思考想表达。

尹同跃：我本人学汽车、干汽车，在一汽工作了十几年，干过中国最早的红旗轿车。后来进入到合资企业，向外国人近距离学习，回到安徽后，从零开始创立了奇瑞。当时安徽省下决心干汽车，将地点定在了芜湖市。

奇瑞是一家国有企业，在制度上和民营企业还不一样，需要照顾方方面面。从1997年开始，我们从外面请了几个人过来，用很少的钱开始做汽车。一直做到2001年，把工厂建立起来，那时有了产品但是上不了公告，所以

奇瑞汽车董事长尹同跃

当时加盟上汽，帮助我们拿了一个准生证。2001年至2010年，可以称为野蛮生长的阶段，那个时候汽车进入家庭，市场需求很大，奇瑞那时的产品质量不高、价格很低。

奇瑞当时在行业里名声很大，但我们已经有了危机感，因为我们看到了合资企业是怎么做汽车的。唯有转型，才能成为一家受人尊敬的企业。因为资金的约束，只能花小钱干大事。体系建设是奇瑞转型的主题。

何伟： 那时你们已经有危机感，但是当时的日子还是很好？

尹同跃： 应该说是非常好，那时是中国自主品牌日子过得最好的时期。我们起步的时候，市场上只有"老三样"——桑塔纳、捷达和富康，"老三样"当时的价格很高，十几万元甚至二十万元。实际上，买一辆轿车等于买一栋房子。

奇瑞的产品出来以后，价格基本上是"老三样"的一半。我们的低价策略起到了一定效果，奇瑞当时车卖得好，外界一片喝彩。那是奇瑞成长最快的时候，对行业的贡献也比较大，向其他企业输送了一些人才。但我们自己清楚，销量并不能说明什么。大家提到奇瑞，就是低价低质的代名词，利润也不多，返修越来越多，我们下决心从要数量向要品质转型。

2007年，我们找了咨询公司，也请教了行业专家。他们指出，工业品的利润需要依靠品牌。品牌具有垄断性，像大众、奔驰这样的知名品牌才有竞争力，只有强大的品牌才能获得利润。奇瑞要想发展，就必须建立我们自己的品牌。

品牌的基础是品质；品质是在比较中得出的概念。比别人好一点叫品质，比别人差一点就不叫品质，所以，我们要比别人做得好。想要达到这个目标，需要依靠体系与流程。中国进入工业化社会的时间比较短，对体系与流程方面的建设不太重视，我们为此花费了很多时间来转变这种观念。所以，过去几年，有人说奇瑞沉寂，甚至还有其他的声音，但实际上，过去几年奇瑞汽车是在建立体系和流程。

奇瑞的愿景是成为一个世界级品牌，成为中国的大众、丰田，这需要我们这一代人坐几年冷板凳，经历一个相对较慢的过程。我们从2010年到2015年，花了5年的时间建立体系，可以说在别人还在绿皮火车的阶段，我们已经坐上高铁了。

下一步考验奇瑞的是产品怎么做好、怎么做对、怎么卖好。做好产品需要体系，将人的因素降低，将体系的作用尽量放大。现代工业管理体系一定是将管理经验浓缩至体系与流程之中，这是奇瑞的理解。去年，奇瑞增长28%，行业增长14%；今年上半年，行业实际上是负增长，奇瑞保持正增长。下半年，我们还要推一些新产品，市场表现会更好。奇瑞的转型逐渐见到效果，大家的思想也逐渐统一了。

汽车产业是一个没有尽头的马拉松，我们并不在意在某一个阶段超越别人或者落后别人，一定要根据自己的状态合理调整节奏，这是我们对这几年转型的看法。

何伟：中国汽车是否会像中国的家电、手机一样，取代发达国家的汽车产业？

尹同跃：我们已经走在了这条路上。目前，自主车企把合资企业的份额挤得越来越小。相比家电和手机，中国汽车的难度会大一点，时间会长一点。现在的自主品牌都很努力，年轻的留学生回国效力，带来了先进的理念和体系。实际上，汽车产业是一个没有尽头的马拉松，我们并不在意在某一个阶段超越别人或者落后别人，一定要根据自己的状态合理调整节奏，这是我们对这几年转型的看法。

奇瑞产品向上的路线图是技术——品质——国际化。这说起来容易做起来难，贵在坚持，力戒浮躁。特别是国际化，在大家都难的时候，许多企业退缩了，我们咬牙坚持下来了。造汽车是马拉松赛，我们不在乎某一阶段的领先，而是追求跑远跑长久。为此，不能总是保持百米冲刺的速度，要调整一下节奏，积蓄一点体能，把产品做好，还要做对。

去年，我到了韩国，中国的家电已经将韩国家电业摧毁。手机业在中国的进步速度太快，韩国手机业也快挺不住了。什么时候轮到汽车？中国汽车产业向上走，第一步就是挑战韩系车，然后就是日系等。

对于奇瑞来说，我们有600万用户，具备一定的品牌认知基础。这几年，奇瑞把平台化和模块化做起来，把体系流程建起来，后面再做产品就越做越好、越做越快。现在，很多人对国产车存有偏见，认为进口车质量好，但奇瑞可以告诉这些消费者，这个观点是不对的，我们合资品牌车型的质量就好过进口车。

奇瑞的出口数量一直是自主品牌的冠军。目前，奇瑞每月有1万辆汽车出口到海外市场，在一些国外市场的价格比欧美汽车还高。奇瑞的产品已经进入欧洲市场，美国的经销商也在和我们洽谈。现在，我对奇瑞的产品很有信心，主要是对奇瑞体系有信心。

《中国汽车报》是国内最专业的汽车媒体，希望你们能够关注我们的体系建设，看看与合资和其他自主品牌的差距在哪里。包括观致，新车出来的时候我们还是有些担心，去欧洲进行碰撞测试能不能行，但最终我们经受住了检验，取得了好成绩。

过去，奇瑞是"工程师文化"，现在我们向华为学习得比较多，提倡"工程师商人文化"，什么时候干什么活。春天就是播种的季节，秋天才是收获的时候。千万不要想着春天就去收割，也不能把口红抹在脊背上，要让产品既有质量又有价值。

何伟：听得出来，你对观致的产品还是比较喜欢的，但是为什么观致的品质这么好，而市场表现却不佳？

尹同跃：观致有些不接地气。做观致的时候，中国用户还在关注颜值。我们完全按照欧洲标准，因此与国内消费市场有些脱节。当时，奇瑞不愿意插手，怕插手后会将观致的品牌力拉下来，观致在选择供应商的时候，标准非常高，投资非常大。此外，现在观致经销商的数量比较有限，也是销量不佳的原因。

做好产品是一方面，还需要做对产品。做好就是不要急功近利，赚快钱，而是耐心做品牌；做对就是要尽可能贴近市场需求。我们的工程师精神固然不错，但是对用户尊重不够，对市场尊重不够，所以还要具备市场精神商业文化。一款车型没有卖好，工程师不能只责怪经销商，而不从自身反省找问题。

对于观致的处境，合资双方并不着急，像 DS、MINI 等品牌，都是从一点点的增长开始，然后才有突破。中国企业要静下心来，方向明确，行动坚定，算小账更要算大账。保时捷一年就卖几万辆车，利润很高；菲亚特一年卖上百万辆汽车，但是不赚钱。

何伟：奇瑞是一个重研发的企业吗？

尹同跃：从表面上看，奇瑞是一个重视研发的企业，但是目前我们更加重视体系。媒体一直对奇瑞的研发和技术很关注，但是没有品牌，装多么强劲的发动机也不能给奇瑞带来价值，我们当下的任务是靠体系将产品的附加值做起来。

过去，奇瑞是"工程师文化"，现在我们向华为学习得比较多，提倡"工程师商人文化"，要让产品既有质量又有价值。领先一步是先进，领先三步叫先烈。现在，奇瑞的发动机和混合动力技术在自主车企中有些超前，用户能够感知的东西奇瑞反而做得比较少。这说明我们还不能以客户为中心，是以自我为中心，认为我懂汽车，用户也懂，就不去了解用户的真正需求。现在我们要转变观念，做产品的时候必须了解客户的需求。

奇瑞很多方面比较超前，包括新能源、高端品牌、传动技术等。目前，奇瑞发动机出口美国、日本。早期，中国汽车企业一直绕着发动机走。当时我们也下决心要把发动机搞上去，买了条生产线，几乎把所有的钱都投了进去。

搞变速器也是如此。奇瑞花了 10 年将 CVT 做起来，后来，我们将 CVT 业务卖给了万里扬，因为奇瑞做得再好，其他汽车企业也很难接受。但是，让零部件企业做这项业务，就可以顺理成章地给其他企业供货。现在，到了互联网时代，共享成为经济增长的焦点之一，不但要资源共享，也要成果共享。

不管是奇瑞还是其他自主车企，只要能做好，都是中国的财富，我们汽车人都会为之自豪。

何伟：现在是观致汽车的第五个年头，这个品牌的使命是什么？如果未来观致成功，奇瑞有什么所得？如果失败的话，奇瑞怎么切割？

尹同跃：我们将中国汽车市场切割成四块细分市场，第一是豪华品牌，奇瑞现在有捷豹路虎在这一市场拼杀，与奔驰、宝马、奥迪相比都有对应的产品。第二是溢价品牌，即大众、丰田、别克这些在合资品牌中形象比较好的。这一细分市场自主车企还很难进入，观致就是在这个市场中，我们认为观致不会失败，但是成长需要些时间。

过去，观致强调欧洲味道，聘用了很多欧洲工程师，现在看来有些不接地气。不过，今年已经调整过来了，现在观致又多了一条新能源产品线，未来将会有明显的增长。总结观致的经验，我们认为观致品牌的形象塑造还比较成功，起码很多消费者认可观致是一款好车。销售不利的局面会逐渐改善，我们有办法满足用户，改变观致的现状。

何伟：怎么看待股比放开的事情，希望快点还是慢点？

尹同跃：中国汽车企业发展的程度不一样，有的企业准备好了，但是有的企业准备不足。我曾经对大众汽车负责人说，你们应该感谢中国的合作伙伴，你们应该想想在德国、在美国赚了多少钱，而在中国赚了多少。他们想撇开合资伙伴自己赚钱，未必能行。早期合资企业是硬绑着中方干，现在是后合资时代，中方贡献越来越大。此外，在移动互联技术上，中国车企比西方走得更快。股比放开对于奇瑞而言，影响不大。

何伟：奇瑞这几年开始练内功、打基础、建体系，下一个爆发点会是什么时候？

尹同跃：我们预期在明年会有一个爆发点。同时，也希望大家真正理解奇瑞的经验和教训，请你们将这些传播到更多的企业中，让他们吸取奇瑞的经验和教训，更好地发展，做好了都是中国汽车工业的骄傲。中国的汽车企业只要能够冒出来的，不管是叫奇瑞还是其他什么，都是中国人的自豪。

何伟：能这样说，非常好，这是跳出了奇瑞看奇瑞的境界，真正为中国汽车产业着想，无论奇瑞未来如何，都令人尊重。

尹同跃：当年，我从一汽出来，见到一汽的老厂长耿昭杰，我很惭愧地跟他说自己没有为一汽做多少贡献。耿厂长告诉我，不管在哪儿，只要能把企业做好，都是对中国汽车工业的贡献。所以，我有这个胸怀，奇瑞也有这个胸怀，中国汽车人都有这个胸怀。不管是奇瑞还是其他自主车企，只要能做好，都是中国的财富，我们汽车人都会为之自豪。

【商业评论】

该唱衰奇瑞还是致敬奇瑞?

我们"中国品牌巡礼"采访组是怀着复杂心情走进芜湖的。外界对奇瑞的一些猜测充斥于耳,给这家明星企业蒙上了阴影,它如今或明或暗,高悬在自主品牌璀璨的星座中。

主人几乎满足了我们各种采访要求,探访研发中心,测试新车,调度各路人马与我们交谈,开放程度之大,令我们深感意外。

这些年,奇瑞在想什么,干什么?他们说转型,走出谷底了吗?我们一连串的问题抛出后,尹同跃却淡定得出奇。在集团办公室的走廊里,我们随意找了个落座处,访谈开始了。他举止随性,性情谦和,说话慢条斯理,更像一个学者专家。超时的交谈,微笑中带有凝重,凝重中充满坚毅。这位压力重重的奇瑞掌门人,没有抱怨,更非传言的那样失意不振。

不错,奇瑞遇到了麻烦,我把它称为"青春期陷阱"。纵观中国初创企业的众多败笔,可以发现他们绝大多数跌倒在同一个成长时期,那就是所谓的"青春期陷阱"。今年刚刚20岁的奇瑞,像中国的大部分企业一样,也没能躲开"青春期陷阱"。"青春期陷阱"的症状之一是不适应市场经济的逻辑,决策盲动;之二是认为市场是策划出来的,对品牌向上的残酷性缺乏充分认识和心理准备;之三是忽视了内功的磨炼和基础的夯实;之四是认为一招鲜就能打天下。奇瑞是吃研发饭长大的,重视技术没有错,但这远远不够。

奇瑞败下阵了吗?当然没有,只是现在尚未成功。尹同跃坦言不爱看时下银屏上的古装戏,因为要多向前看。我们见过他意气风发、蓬勃向上,我们见过他大宴宾客、喝彩满堂,而今奇瑞被迫步入反思的课堂,刮骨疗伤。大可不必自暴自弃,这不过是成长的烦恼,成熟的代价。企业面对的永远是困难,企业家就是为解决这些困难而生的。

尹同跃从做技术起步,继任管理者、掌门人,同样需要有个无法省略的磨砺过程。这5年，奇瑞苦练内功，打造体系，提高品质，创造盈利。观致没有陨落，而是小火慢炖伺机而动。艾瑞泽5和瑞虎7攻城略地，转型后的"2.0产品"已经投放市场，"3.0产品"明年、最迟后年也将问世。从销量上看，去年已经超过了6年前的最高值。这5年，奇瑞的转型如破茧成蝶般，阵痛是不可避免的，蜕变是有目共睹的。正向研发的V字形体系已经建立，产品品质明显升级，队伍管理基本稳定，国际化战略风生水起……与此同时，奇瑞陷入困局但没有退赛，风光不再但底气尚存，受了创伤仍摩拳擦掌准备新一轮的向上冲击。告别投机取巧的老路，告别低质低价的市场，从这个意义上看，我们应该为奇瑞喝彩。

更重要的一点，奇瑞甘当自主品牌探路者的试验场，其对中国品牌乘用车产业的历史贡献，远远大于其企业自身的价值。2009年，国务院正式出台《汽车产业调整和振兴规划》，首次提出自主品牌战略时，奇瑞已经在这条艰难之路上跋涉了10多年。他是中国品牌乘用车产业的马前卒，迷雾中的领跑者。尹同跃走的是别人没有走过的路，甚至是无法绕开的沼泽荒漠。无论成功与教训，都是中国品牌的宝贵财富；他的欢乐与泪水，都是滋养中国品牌的成长沃土。"我希望把奇瑞的经验和教训，通过《中国汽车报》与同行分享，避免走我们的弯路，减少风险，尽早让中国品牌跻身世界十强。不管谁先冲上去，我们都高兴。"尹同跃这句话深深地触动了我。造车奇人尹同跃并非只为奇瑞而来，更多的是为中国品牌乘用车的崛起而冲锋陷阵，且无怨无悔，难道我们汽车人不应该向勇者奇瑞致敬吗？

离开芜湖的前夜，采访组乘兴登上长江岸堤。月黑风高下的江面，忽而狂风，忽而骤雨，倒是远处酒吧里飘来了阵阵旋律，点亮了我们迷蒙的心房。那是一首传唱已久的老歌《水手》："风雨中，这点痛算什么。擦干泪，不要怕，至少我们还有梦……"

北汽集团董事长徐和谊

AI 让中国品牌"超车"越来越有希望了

访谈主持： 何伟

访谈嘉宾： 北汽集团董事长　徐和谊

"AI 技术将对汽车工业产生巨大影响，推动行业变革。我们必须清醒地认识到，未来汽车产业的发展必须抓住第三次技术革命的机遇，因此，要从现在开始高度重视，全力以赴地抓。"

何伟： 当前，汽车行业正在经历一场技术变革，在这场变革中，新技术带来的冲击之大、速度之快是前所未有的。中国的传统车企如何面对这场技术变革？北汽在新能源汽车领域积累了一定先发优势，怎么在这种优势基础上，更进一步？

徐和谊： 汽车行业当前正面临一场巨大的变革。从技术路线上来看，我认为有三个阶段。

第一阶段是持续了一百多年的传统汽油机时代，这一时期非常漫长。

第二阶段是新能源时代，只用了四五年的时间新能源汽车就从当初的乏人问津到今天的如火如荼，速度之快是我们始料未及的。新能源汽车这个阶段的发展与党的十八大所倡导的绿色发展理念息息相关。这几年我们身处其中，尤其是自主品牌成为市场主体，推动了中国新能源汽车的强劲发展。新

与北汽集团董事郑徐和谊对话

能源汽车的重要性也逐渐被各方认同，成为我国新的战略性新兴产业。

当第二阶段新能源汽车产业的发展还没有完全成熟的时候，更让人始料未及的是，第三个阶段的技术革命强势来袭，即以 AI 技术为代表的智能化。

综观这三个阶段的技术变革，北汽抓住了第二阶段的机遇，积累了先发优势，取得了一定成绩。但是，我们也清醒地认识到，未来必须要抓住第三次技术革命的机遇，因此，要从现在开始高度重视，全力以赴地抓。因为 AI 技术的发展将对汽车工业产生巨大影响，推动行业产生变革。

"我预计，到 2022 年或 2023 年，自主品牌新能源汽车的市场份额一定会远远超过跨国公司在华产品的市场份额，有望占据 2/3，打下大半个江山。更重要的是，那时候的产业发展将不再靠政策扶持，而是完全市场化的结果。"

何伟：在以 AI 技术为代表的智能化时代，我们和国际先进水平差距并不大，但是我们在传统内燃机领域毕竟基础比较薄弱，要想在未来的竞争中不再次落后或同步，甚至赶超，显然还有很多工作要做。

徐和谊：如果说，我们的新能源汽车和国际先进水平处于同一个起跑线上，那么，AI 技术方面我们目前并不落后，而且在资源上也有优势。发展新能源汽车是我国汽车产业由大到强的必由之路，如果我们再搭载上智能化，将会以更快的速度实现由大到强的目标，缩短进程。

但是，在这一过程中，我们一定要充分重视智能化的作用，现在汽车行业对此的重视程度还远远不够，甚至有人认为智能化是高档车、豪华品牌的事，中低端产品没必要智能化。这是完全错误的，这从智能手机的发展中可以得到印证。今天，在中国市场上，无论是什么价位、品牌的手机，首先都必须是智能机，否则将失去市场。未来，汽车也会如此，如果只单纯地生产传统汽车，在中国将很难生存下去，所以，我们一定要抓住智能化的机遇，提早布局。同时，当今社会的消费升级速度越来越快，智能化不仅局限于乘用车，商用车也需要智能化。

与此同时，中国自主品牌汽车有望借助智能制造乘势而上。2015 年，我国提出《中国制造 2025》，汽车业在其中承担领头羊的角色，要有重大贡献。当时，业内压力很大，担心不能如期实现。可是，近两年，我观察发现，以现在的势头，不仅能实现，还有望提前实现。

为什么这么说？首先，在传统内燃机汽车领域，自主品牌进步非常快，而且不是短期的，不是一两家企业的行为，也不是靠政府、政策的拉动，而是靠产品、品质实实在在地提升来实现的，各家企业都在稳扎稳打、实实在在地推进自主品牌集体向上。其次，借助传统内燃机技术的进步，新能源汽车领域也有了支撑，发展得更快，产品也更有竞争力。我预计，到 2022 年或 2023 年，自主品牌新能源汽车的市场份额一定会远远超过跨国公司在华产品的市场份额，有望占据 2/3，打下大半个江山，合资品牌、跨国品牌占据剩余的 1/3，我对此充满信心。更重要的是，那时候的市场将不再靠政策扶持，而是完全市场化的结果。

到"十四五"后期，如果我们的产品搭载上高度智能化技术，还将如虎添翼，甚至可能做到"我有他没有"，而不是"他有我也有"。为什么说我们在智能化方面会有更好的发展，因为中国的 IT 和互联网这两大行业发展得都非常好，走在世界前列。再加上我国特殊的国情，这两大行业恰恰不是以国有企业为主，而是以混合所有制为代表。一大批"70 后""80 后"在这两个行业成为领导者，他们大多接受过高等教育，是最具创新活力的企业家。他们体制活、人员素质高，很具代表性，活力无限，都给这两个行业带来创新性活力，同时也为我国智能汽车发展提供了必要支撑。

"过去，我们的技术进步更多靠硬实力，但随着 AI 时代到来，硬实力的作用在减弱，来自编程、软件开发等 IT 和互联网领域的软实力越来越重要。而传统车企在这些领域没有人才储备，必须依靠 IT 和互联网领域的力量，两者协同创新。"

何伟：随着新造车势力的闯入，我们欣喜地看到，汽车行业迎来一股创新活力，但这种活力一时还无法真正转变成生产力。同时，国有企业创新活力差的弱点似乎正在阻碍创新，怎么让新旧结合，为汽车行业带来创新发展，是我们必须思考解决的问题。

徐和谊：这也是当前我国国企改革面临的艰巨任务，而且时间紧任务重。近年来，互联网造车势力不断进入汽车行业，尽管他们现在影响力还非常有限，也没有什么特别重大的实际贡献，但在汽车行业中起到了很好的鲶鱼效应，为汽车行业的协同创新拉开帷幕。

汽车行业是攸关国民经济的重要支柱产业，伴随着新中国的成立，已有 60 多年的发展历史。同时，以国有企业为主的汽车业，像其他行业一样面临国有企业改革的重任。我们面临着繁重艰巨的改革任务，这其中最困难的就是国有企业一些固有观念制约了我们创新发展的步伐，尤其当前全球汽车工业又进入技术大变革的时代，我们要追赶上这场变革必须创新，从观念理念转变开始，改革机制体制。恰逢此时，鲶鱼效应出现，带来协同创新，为汽车行业带来创新发展的新风。

为什么说协同创新如此重要？在汽车领域，过去，我们的技术进步更多靠硬实力，但随着 AI 时代到来，硬实力的作用在减弱，来自编程、软件开发等 IT 和互联网领域的软实力越来越重要。而传统车企在这些领域没有人才储备，必须依靠 IT 和互联网领域的力量，两者协同创新。

在这一过程中，大型国有车企集团特别是领导层必须解放思想、转变观念，联合各方资源，因为留给我们的时间并不多，挑战却不小。北汽地处北京，在地域上占据了优势，北京也有这方面的资源，但相比深圳的科技创新活力还有一定差距，不过，我们也正在调整，制订长期发展规划，厚积薄发。

"在发展自主品牌的过程中，我们一定要坚定，不忘初心，不能因为一时的困难而动摇。自主品牌在建设汽车强国中的作用不用再强调，现在关键是行动。"

何伟：新技术革命为自主品牌带来了机会，但同时我们也必须面对当前自主品牌基础薄弱的现状。尤其是北汽，在去年取得一定成绩的同时，今年市场销量表现得并不好，究竟是什么原因造成的？发展自主品牌我们喊了十几年，也一直在推进，什么时候才能真正进入收获期？

徐和谊：在发展自主品牌这条路上，北汽起步比较晚，虽然取得了一些成绩，但过程并不太顺利。其中，有进步，也发现了一些不足，我们正在努力调整。在发展自主品牌过程中，我们一定要坚定，不忘初心，不能因为一时的困难而动摇。自主品牌在建设汽车强国中的作用不用再强调，现在关键是行动。

在审视自主品牌发展时，我们必须客观。在全国几大汽车集团中，北汽集团的自主品牌汽车起步最晚，但发展速度并不慢。2016 年 8 月 16 日，北汽自主品牌第 100 万辆整车正式下线。从 2011 年第一辆整车问世到第 100 万

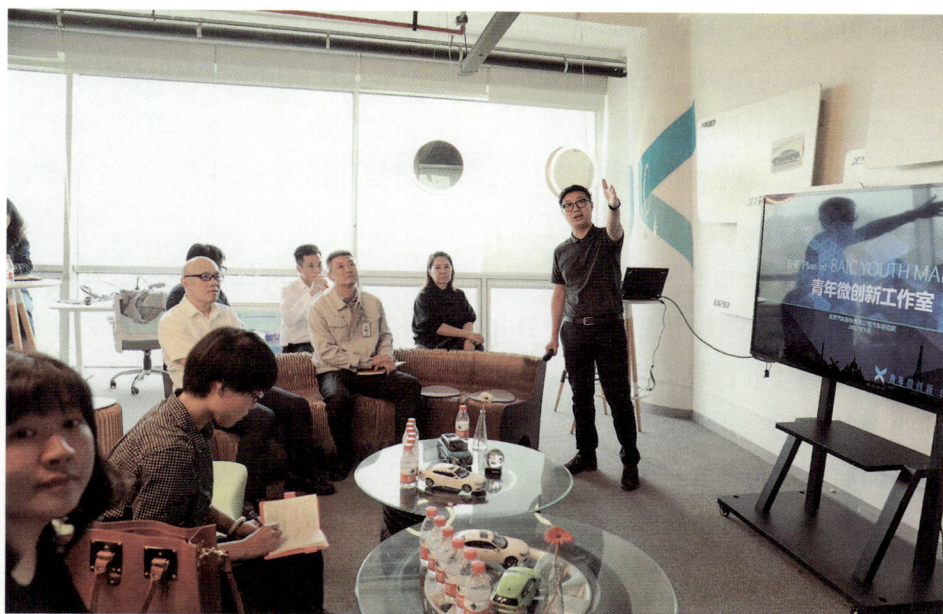

参加北汽创新小组活动

辆整车下线，北汽集团用5年时间跨越了大多数车企需要8～10年才能走完的历程。我想这是一个值得肯定的成绩。

企业经营必须以盈利为目的，任何企业不盈利都是不能长久发展的，但盈利是要有品牌做支撑的，而我们的自主品牌现在品牌力还比较差，北汽也不例外。所以，要想办法，提升产品品质、品牌，然后才能谈溢价能力。

经过几年的努力，北汽自主已经完成1.0时代的积累，在这一阶段，我们以消化、吸收萨博技术为主。现在，我们已经进入2.0时代，逐渐掌控了设计、制造、销售和服务整个价值链，不仅在国内市场占据了一席之地，而且也开始走向国际市场。尽管我们现在一时的市场表现出现了起伏，但从产品研发和产品质量等层面我们完成了原始的积累，有了真正自主的东西。我们有信心，只要我们耐住寂寞，扎扎实实闷头把产品做好，把体系建好，把品牌一点点往上推，培育好，积累到一定程度，好结果自然就会呈现。我相信，2.0时代的北汽一定能打个翻身仗。

【商业评论】

谁能读懂徐和谊

徐和谊在业内很有存在感，经常出现在媒体上，经常听到他的见解，看到他奔忙的身影。研究他的资料也随手可得，似乎是个被分析透了的人。但是，访谈之后，我心中有个疑问：我们是否真的读懂了这位明星企业家的内心？

面膛黝黑，身材魁梧，声似洪钟，一望就能感知这个北方硬汉的坚韧。在北京顺义的北汽总部，一座号称首都第二候机楼的巨型建筑里，老徐与我们从容开聊。

徐和谊并不像外界看上去那么洒脱，我是从他欲说还休的无奈中发觉的。初次交谈，本想请他谈谈十年当家人的甘苦，他却对《中国汽车报》赞赏一番；本想了解一下北汽今年的形势，他却另辟话题大谈无人驾驶、智能汽车。我们是在北汽自主销售不太鲜亮的时候来访的，徐和谊除了一句"不必看一时论成败"，不愿做过多的解释。他什么事情都明白，什么问题都看到，但是怎么做，似乎就没有我们想象得那么水到渠成了。

北汽是大国企，又是在皇城根下办国企，徐和谊比其他国企老总还要难。他即使力大无穷，也难破体制的掣肘。在矛盾中打拼，发展上要销量，还要转型，管理上要效率还要公平，运行上要面对市场，还不能逾越体制内的各种规定……游走于官场商场，周旋于市场车间。风光的一面众人皆知，艰难的一面就未必知晓了。北汽没有央企的坚实基础和雄厚技术，却跻身四强；从世界500强的门外跻到第137位，这些年老徐容易吗？

徐和谊特别能拼。他不是撸起袖子加油干，而是豁上命来加油干。力推集团化、主攻自主品牌、发力新能源、布局智能互联……在企业家、社会活动家、专家等多重角色间穿梭，还要当好父亲，抽空抒发一下自己的情怀。60岁了还像不倦的风，他图什么？如果为了当官，他10年前已官至副厅，相信熬几年，排队也能坐上正厅甚至副部的位子，何必跑到企业来磨砺。如果为了收入，限薪之后，他与下属已经出现倒挂，收入比下属公司管理人员要少许多。倘若考虑这些，他可以早些解甲归田了。唯一能解释的，只能是为了荣誉和情怀。他是一个典型的北方汉子。真正的男人，是需要战场的，是渴望战斗的。"有一种使命，叫圆梦；有一种作风，叫带头；有一种境界，叫忘我。"——这是他在《工作日志》里流露的心迹。

今年许多车企按下了自主的快进键，北汽乘用车却不尽人意。于是网上更是出现一些极端的言辞，甚至谩骂。"死磕"自主的徐和谊倒是不急不躁，宽宏大度的他相信最美好的事物往往在路上。干自主，从来就不是一蹴而就的，就像养自己的孩子，媒体是否多给点耐心，少一些急躁；多一些理解，少一点苛责；多一点宽容，少一点挑剔。

"一切的今天都孕育着未来。"喜好这句诗的老徐提醒列位别太急：中国自主汽车的品牌力太弱了，特别是盈利，更别说溢价了。还有谁能比老徐更渴望把绅宝品牌搞上去？真是的！

江淮汽车董事长安进

沉得住气的江淮

访谈主持：何伟

访谈嘉宾：安徽江淮汽车集团股份有限公司董事长　安进

"无论在什么情况下，特别是处于顺境之时，也要坚持结构调整，坚持均衡发展、协调发展。要始终牢记经营和发展这两点都不可偏废，这是企业运营的一种基本状态。"

何伟：江淮近几年发展很快，取得了很突出的成绩。我们注意到，去年江淮汽车实现了"十三五"开门红，总销量实现较大幅度同比增长。尤其是在乘用车方面，虽是后发品牌，但势头比较猛。我们也留意到，今年上半年，江淮汽车的销量有所下降。这是什么原因？关于下半年，江淮是如何谋划的？

安进：江淮上半年销量有所下降，这和市场整体走势有一些不吻合，不像以往，我们基本与行业走势保持同步。

原因很简单。首先，国内乘用车市场的大环境没有去年那么好，上半年是微增状态，甚至终端销量是同比下降的。整体产能较高，在需求受到抑制的情况下，企业供给能力足，直接引发的就是竞争更激烈。

江淮销量下降原因在小型 SUV，在激烈竞争中，产品力显得不足，我们

134

与江淮汽车董事长安进对话

没有及时拿出一款新品来适应竞争。当时江淮率先推出小型 SUV 时，市场上只有两三款车，可是现在已经增至三四十款。竞争一激烈，价格战就随之而来。江淮一向不太愿意跟随价格战，于是市场表现受到影响。小型 SUV 在我们去年的产品结构里占的比例过大，所以它一波动，就把整体拖累了。事实上，除了 SUV，江淮其他板块业务表现都比较正常，特别是国际市场表现突出。

下降到底是坏事还是好事？我认为，企业发展肯定有波峰，也有波谷，没有谁能永远高歌猛进。困难挫折期来了，大家正好可以清醒清醒。我们经常把"产品结构调整、均衡发展、协调发展"挂在嘴边，但当某款产品势头正猛，研发、营销、经销商，各个环节感觉都很好，卖得轻松、供不应求的时候，这些话就不一定听得进去。现在销量下降的事实教育了大家，某种意义上是好事。无论在什么情况下，特别是处于顺境之时，也要坚持结构调整，坚持均衡发展、协调发展。

当然，我们要做准备，应对速度还需加快。下半年，江淮还有一批产品要推出，而更重要的是，江淮要保持一贯的经营风格，求稳、求实、沉得住气。

我一向关注两个指标：一是库存。近期关于库存高企的话题很受关注。但江淮的情况是，既然销售遇到了困难，那就不再发车，给经销商减压。所以，目前为止，江淮的总体库存较去年反而是下降的，这意味着我们还有不少调整空间。二是现金流，虽然表面上销量下降，但其他经营指标很正常。

经营和发展，是企业两大永恒主题。没有经营就没有今天，不过要是只盯今天的事，看不见明天，不去谋求发展，那明天又是今天了，所以要把握好这个关系。"十三五"以来，江淮在技术研发、体系建设、能力建设方面从未停止。不能因为上半年销量上的一点下滑，工作就停下来，要建立以互联、智能、环保、自动制造为内容的新体系。要始终牢记经营和发展这两点都不可偏废，这是企业运营的一种基本状态。

何伟：这就体现出一种宠辱不惊的定力。好的时候发展，遇到困难的时候不慌，苦练基本功。但企业发展往往也会受到诸多环境的制约，江淮汽车是安徽省属国有企业，国资委给的考核任务特别是利润等通常会逐年加码，企业有多大能力自己调控？

安进：虽然我们是省属国有企业，但在机制、体制上还是很宽松的。政府希望你发展、支持你发展，但如何发展，用什么状态发展，由企业自己来把握。当然，江淮一直是 A 类企业，我们要奋勇争先，要当好这个排头兵。如果不发展，我们在行业里也不能立足。发展的冲动和决心来源于自己，要实事求是，每走一步都是实实在在的，经得住检验，对历史、对事业、对国有资产负责任。

"江淮要对合资有贡献，为别人创造价值，也要通过合资学到东西，得到自己的利益。这与 30 年前的合资有本质不同。一方面体现了合作，另一方面放眼全球市场。多了'共同'二字，这是一种彻底的变化。"

何伟： 今年可谓江淮的品牌年。最重要的一件事就是与大众的合资项目。这场合资牵动了汽车行业，也牵动了两个国家的互惠合作。现在尘埃落定，我们特别想听听其中的详情。与大众"联姻"，合作开发新能源汽车，将给江淮带来什么？也有人认为，自主品牌现在已经不需要合资了，这又怎么看？

安进： 我们跟大众仅是签了合资协议，还有很多内容正在商讨中，没有定论，细节问题现在还不方便说，但至少我认为，在传统汽车发展到今天这样一个成熟阶段，诸如内燃机技术可谓"登峰造极"的时候，能源革命正在逼迫汽车行业转型。这对全球汽车行业都是挑战。

挑战面前，加强国际合作，发挥各自优势，对推动合资双方都有好处。技术革命往往对原有的生产能力是有破坏性的。传统汽车与新能源汽车之间的关系，就好比当年的显像管和平板、胶卷与数码相机。

江淮和大众合资，这是双方共赢的一个项目。中国有市场、有政策，江淮有先发优势、运营经验，这是大众所看重的。我们看重什么，那就是在造车方面还要向人家学习。

何伟： 数十年前谈合资时，我们是一张白纸。今时不同往日，中国企业已经有了一定的技术和市场基础，再去谈合资，情况已经大不相同。对江淮来说，在这个项目里，更多是要解决技术问题，还是制造管理问题？

安进： 各方面都有需求。电动汽车走到今天，没有任何一家企业敢说自己能做到像燃油车那样技术成熟。我们仍在探索，多一个伙伴与我们一起去探索，可以更具广阔的国际视野，更快掌握先进技术和积累经验，比单打独斗强。

要说和 30 年前一样吗？当然不一样，这里面多了"共同"二字，这是一种彻底的变化。双方都有话语权，且要共同去研究，发挥各自优势。在此前提下，通过合作加快进度，推进技术更加成熟，推进国际国内两大市场。

何伟：也就是说，两家合资的车以后要销往国际市场？

安进：当然，这是基础和前提。江淮要对合资企业有所贡献，为别人创造价值，也要通过合资企业学习到东西，得到自己的利益。这与 30 年前的合资有本质不同。一方面体现了合作，另一方面放眼全球市场。

何伟：按照这个思路，未来你们共同推出的品牌应该属于合资自主的范畴。

安进：具体情况还在一步一步地谈，风险和机会同时存在。新能源汽车面临技术不成熟、市场不成熟、政策不成熟、使用环境不成熟的客观问题。因此，对双方来说都有挑战，必须合力应对挑战。一方面对前景充满信心；另一方面不会一帆风顺、一蹴而就，需要克服很多困难，共同探索新的、还不成熟的市场和技术，两家共担风险。

何伟：我们听说大众方面对江淮在新能源领域的技术很认可。从你的角度，怎么评判江淮现在的技术水平？这种水平，是同自身相比，还是与国内同行相比，还是同国际竞争对手相比？

安进：江淮有个特别的风格。电动车都干了十几年了，但是自己不太爱说。

具体到技术，哪家都说自己的技术好，我要说我们是最好的，就成了王婆卖瓜。江淮这几年卧薪尝胆，不是特别追求市场规模扩大的速度，因为我们知道这其中有风险，所以在核心技术研究上花了很多心思。比如电池有没有可能发生爆炸，发生爆炸后怎么办，怎么让它不发生，怎么让电池在 50℃ 至 −20℃ 的环境中有一个最合适的工作状态、有效地控制热失控？电池的比能量增大了，对提高续驶里程有好处，但也会带来负面影响，那么，如何在电池热管理上下工夫？诸如此类的种种问题，我们做了很多研究。

因此，大众认为江淮的电动车做得确实很不错，认为江淮是值得合作的一个伙伴，传统车技术虽然没有他们成熟，但是我们效率高、管理扁平。

客观评价，江淮虽然做得不错，但车辆的可靠性和一些小毛病还存在。基本功还需更扎实。

车的本质就是车，只是未来会运用各种新技术，使这个移动过程更愉悦、方便、安全。无论什么类型的车，安全、可靠性是最重要的。这些问题解决不了，品牌的问题就解决不了。

"品牌影响力的提升需要一些机会，有些要靠自己去创造与积累。不必拘泥于某一阶段、某一区域的品牌影响力，可以把眼光放开阔一点，有一个更大的时空观。"

何伟： 江淮汽车的产品不错，但在乘用车领域的品牌认知度需要加强。很多消费者仍然以为江淮主要造商用车。怎么去改变这种现状？

安进： 我们的心态要调整好。过去江淮造商用车，那就继续把商用车做好，这也是品牌；在乘用车领域，我们给客户提供更多价值，让客户更多地了解我们，最终达成认知。事实上，近一两年，情况已经好很多了。

品牌影响力的提升需要一些机会，有些要靠自己去创造与积累。比如，中国的汽车品牌很多，消费者买车时不一定想到江淮，但在国际市场上，在国际客户对中国品牌的整体认知中，江淮是重要组成部分。目前，江淮SUV在中国销量不是最高的，但今年上半年，江淮出口SUV最多。这也提醒了我们，不必拘泥于某一阶段、某一区域的品牌影响力，可以把眼光放开阔一点，以一个更大的时空观来塑造品牌。

此外，在电动车领域，江淮已经积累了一定的品牌影响力。与大众的合资，在一定程度上也会提高消费者对江淮品牌的认知。

一个品牌必须要给客户带来更多使用价值、心理价值，只要持续不断地去做，再利用好机会，影响力一定能逐步提升。天道酬勤。

"我们是一个真正搞制造的企业。江淮坚决不依靠购买来生产汽车，而是以制造为主体赢得发展。江淮的核心就是制造，一定要制造，不制造不行；同时也不是关门制造，我们实行开放合作。"

何伟： 江淮的产品很全，覆盖了几乎所有的子品类。SUV 品类中也曾打造出爆款车，但在轿车方面，给外界的感觉是似乎没有实质性突破。怎样把诸如江淮 A60 这类代表江淮高技术水准的产品真正推向市场？

安进： 我更注重的是平台。把平台打造好了，既能做 SUV，也能做 MPV、轿车。如果对手在某个产品上很强大，我可以避一避；在需求有强烈趋向的时候，我就往那个方向走。现在，市场上的实际趋势是，轿车份额下降，SUV 上升。

自主品牌轿车整体都比较弱势。因为轿车给客户的感官是更经典、更豪华。我们现在做好 SUV，也是一种路径。其实，SUV 一点也不比轿车好做。车的造型是一个几何概念，这不是最关键的，其根本是企业做了什么努力，有什么技术。

何伟： 汽车领域的打法多种多样，有从低往高走、有从高向低延伸；有聚焦战略，也有多元经营。江淮的特点很明显，是商乘并举，且子品类齐全。这会影响注意力、分散精力吗？

安进： 这个话题存在了二十多年，一直有争论。我认为，企业的形态是由历史形成的，如果它不适应，会做出相应的调整。

以江淮为例，把轻卡做到极致就可以了吗？估计不行，外界可能会批评：你们的规模上不来，为什么不创新突破？突破了之后，又有人批评：不集中资源、不聚焦。其实都对，也都不对。

江淮从轻卡起步，且多年来在轻卡方面没有退步，始终保持国内外市场的优势竞争力。在我看来，其实江淮没有更多产品，只有两类产品：商用车和乘用车。不同的品种看上去琳琅满目，其实从产品开发角度来看都是不同的几何体。

值得一提的是，不只是整车，江淮把最难做的发动机、自动变速器都干出来了。当我们明白什么是自动变速器、怎么造自动变速器的那一刻，我们的整体技术储备得到了升华，站到了一个更高的平台上。

现在，发动机、变速器、车桥、车身、底盘等诸多方面的主要模块，江淮都可以进行自主研发制造。我们是一个真正搞制造的企业。江淮坚决不依靠购买来生产汽车，而是以制造为主体赢得发展。江淮的核心就是制造，一定要制造，不制造不行；同时也不是关门制造，我们的理念是开放性的。

"比起卖了多少辆车，我更关心卖多少钱、卖到什么地方去了。这是江淮所理解的品牌向上之路。道理很简单，做起来不容易。"

何伟：你曾多次提到自主车企品牌向上的问题。从江淮的角度，品牌向上的路应该怎么走？

安进：第一，把质量做好。第二，不要满足于靠价格战获得优势，靠低端占市场，而是要在产品上使用更多新技术。

现在，我们谈的新技术已经不是简单的、可以用口头描述的了，至少有几个方面一定要过关，如油耗，排放标准要过关；车辆智能化要过关。高质量且运用先进技术的车就是好车。好车就意味着价格可以卖上去，同时体现了品牌。

我们常说，汽车强国有两个硬指标，一是规模，二是价格。我认为，还应该加上一条——出口量，能不能占据总销量的20%？更进一步说，能不能把产品卖到世界经济第二梯队以上的市场去？

所以，比起卖了多少辆车，我更关心卖多少钱、卖到什么地方去了。这是江淮所理解的品牌向上之路，道理很简单，做起来不容易。

参观江淮汽车研发部门

何伟：现在，江淮的出口量占总销量的 10% 左右，什么时候能达到 20% 的指标？这其中，乘用车和商用车各自占据多大的比重？

安进：对，目前是 11%～12%。我们的规划是 2020 年要达到 20%。比例上，商用车大概 30%，乘用车 70% 左右。

何伟：如何评价江淮的性格？在未来白热化的竞争中，马太效应将凸显，强者恒强，弱者愈弱。怎么看江淮的未来？

安进：企业和人一样，人的能力有大小、有高低，但人格是平等的。这是社会的普世价值。如果把企业拟人化，那么企业也是平等的，同时大多数都是有追求的、高尚的。从江淮来说，我们内心充满对未来发展的憧憬，我们也始终保持不断发展的冲动，但是我们很少去表达豪言壮语，而是用行动体现自己实现汽车强国梦的志向，因为我们深知，决定命运的是自己。

【商业评论】

此合资不同于彼合资

车企老总里，安进算是老汽车人中激情不减的代表。他的履历单一，40多年职场生涯几乎没有离开过江淮，没离开过造汽车；他荣誉傍身，从人大代表、行业要职到这次为数不多的汽车业十九大代表。可是，让他成为话题人物的，还是他执导的江淮大众合资的"闪婚"，突破了国家产业政策的底线，完成了一桩几乎"不可能完成的任务"。

6月，中德两位总理站台，见证两位老总签约。这张占据媒体头条的照片，是今年60岁的安进最开心的人生礼物。这些年，江淮一直中规中矩，没有吉利的勃勃向上，也无比亚迪的风驰电掣，如今不鸣则已一鸣惊人，爆了个大头条。

不过，质疑声也此起彼伏：如果"江众模式"雨后春笋般被大面积推广，一如30多年前的"上海大众模式"那样，会不会伤及我国在电动汽车领域已经来之不易的国际优势，重蹈"市场换技术"的覆辙？

我们带着疑问来到合肥。江淮的厂区占据了合肥市区的一个角。企业有自己的大学和医院，JAC标识的广告牌主人般矗立在通衢大路的两侧。大街小巷穿梭的车辆以江淮居多，显示出企业的主场地位。出租车司机说，合肥人以到江淮就业为荣，江淮人薪酬不菲以至于消费时小商小贩也要多涨点价。这家车企，对于合肥的影响，一如一汽之于长春、奇瑞之于芜湖，举足轻重。

安进董事长身着员工的"江淮红"制服，精神抖擞地坐在我们面前。作为媒体常客，涉及商业机密他会礼貌回避，遇到敏感性问题也会直言不讳。

同样是合资，今夕有着本质不同。他开门见山用"三个不同"解疑释惑。一是主体地位不同，过去是外资主导，特别是技术研发方面；这次中德双方研发人员在一起研发，平起平坐，共同掌握核心技术。二是产品市场不同，过去产品只能在国内销售，现在则面向国内国际两个市场，即用江淮的领先技术换取国际市场，这是我听到的"技术换市场"的新鲜解释。江淮希望2020年汽车出口量占到总销量20%以上。三是培育的品牌不同，过去是直接用外资品牌，这次合资企业既不用大众的品牌也不用江淮的品牌，而是建立一个全新的独立品牌。共同创牌，解决合资企业姓"中"还是姓"外"的问题，真正进入"混血时代"。

安进再三强调，"共同"是这个项目真正的意义所在。与其说是合资，不如说合作更准确。因为风险很大，不会一帆风顺，要靠双方共担，共同闯关。

江淮从地方小汽配厂起步，50多年由小到大，其间经历的艰辛、曲折和奋斗，是后来人难以言表的，其运用天时、地利、人和的能力也为行业翘楚。在国企里，江淮有机制优势；与民企比，江淮能得到政府的鼎力支持。这成就了江淮在强手林立的汽车行业，自成一派。特别是在自主品牌、新能源汽车和体制机制创新上，亮点闪烁。

大风大浪中成长起来的江淮，这次为何还要去合资？是渴望在体系能力上找一个实现升级的良师，还是期望找一个提升整体研发制造水准的益友，抑或期望有个进入欧美市场的"内应"？一项严峻考验是，"十三五"是中国汽车产业提高集中度的淘汰赛季，江淮目前位居10强上下，行业地位很微妙：干上去就成为巨头之一，干不上去就被兼并淘汰。明天的生死地位，取决于今天的抉择。江淮期望在未来的生死战中有个"洋大哥"做后盾，自在情理之中。此外，不排除心理上的满足：以国企草根之身和大众攀上亲，本身就已提高了身价。高傲的大众选择江淮至少证明一点：认可江淮的新能源汽车制造水平走在了国内前列。好比30年前大众来华认可上汽作为合资首选一样，这对一家地方车企意义重大。

记得安进在一次论坛上的发言声情并茂："这是最好的时代，也是最具挑战性的时代。从国外看，全球汽车市场在经历欧洲的勃兴和美、日的繁荣后，其重心正加快向中国转移。从国内看，中国自主品牌从夹缝中诞生起步，靠微薄的利润顽强生存，艰苦地开展研发创新，现已基本形成正向的生态循环，中国品牌已经迎来了向上突破的最好机遇期。

"如何做大做强中国品牌汽车？我认为，《汽车产业中长期发展规划》从建设汽车强国的角度给出了答案，而江淮汽车的对策是坚持'六化'：品牌向上化、技术领先化、产品平台化、开发迭代化、制造精益化、市场国际化。核心是品牌向上。"

走出江淮的老办公楼，蓦然回首，门楣上四个红色大字格外醒目：品牌向上。据说，这是安进今年提出的年度口号。关于为何要合资的猜想，也许一千个人有一千个解释，安进的解释其实就是这么简明。越是看似简单的问题往往越难回答；越是深奥的问题，答案往往越是浅显。

有人说，没有合资，江淮的自主品牌做得风生水起。一旦合资，会不会患上合资依赖症，走着走着就忘了当初为什么出发。

但愿是我们多虑了。

广汽集团董事长曾庆洪

开放让广汽走到今天

访谈主持： 何伟

访谈嘉宾： 广汽集团董事长　曾庆洪

"很多外资企业都很看好与广汽的合作机会，改革开放为广汽不断注入新动能。"

何伟： 汽车行业内的上市公司很多，从整车厂到零部件企业再到相关配套体系，总共有 160 多家。整体上，大家对上市的整车厂关注度更高一些。我们注意到，广汽集团在世界 500 强企业的排名已经由去年的第 238 位晋升到了第 202 位。任何一家企业、一个行业发展都是与时代的发展脉络相吻合的。今年恰逢改革开放 40 周年，结合改革开放的大背景，广汽在这 21 年的发展中，究竟依靠什么做到了现在的规模？

曾庆洪： 关于改革开放，我个人的感触也很深，从 1979 年进入广州客车厂到如今的广汽，我个人已经在汽车行业摸爬滚打了近 40 年，可以说亲眼见证了中国汽车行业的发展。

广汽集团的发展可以分为三个阶段。第一阶段从 1985 年到 1988 年，是广州标致时代。40 年前，中国汽车的年产销量还不到 40 万辆，而今每年的产销量已接近 3 000 万辆。所以，广州标致成立的时候，市场环境并不好，

146

与广汽集团董事长曾庆洪对话

总量很小，日子也很困难。那时候，广州标致最高的年产量还不及 3 万辆，由于缺乏持续支撑研发的费用，产品也无法进行更新，最终只能因经营不善而进行重组。

广汽的第二个阶段是从 1998 年开始的，重组广标，成立广汽集团。当时，本田成了我们的合作伙伴。通过与本田的合作，成立广汽本田（当时叫广州本田），广汽集团迈入了全新的发展阶段。本田很愿意把新的技术和产品导入过来，所以，我们的技术和产品基本是与世界同步的。广本的产品很适合中国市场，当时卖得非常火爆，常常需要加价才能提车。我在广本做了近 8 年的中方负责人，对此深有感触。

1999 年第一款产品下线时，当年的销量就达到了 1 万辆，第二年 3 万辆，第三年 6 万辆，基本每年都在以成倍的速度增长。之所以能取得这么快速的发展，关键还在于市场需求的增长。最终，我们成功走出了一条"以市场为导向，小投入、快产出，滚动发展"的路径。事实上，这种路径也很适合中国的汽车市场。

2000年，中国汽车市场迎来爆发式的增长，给我们创造了很好的机会。丰田、三菱、日野等品牌也纷纷来到广州。广州在汽车行业方面的配套系统和基础设施都比较齐全，国际学校、机场、港口等一应俱全，有良好的营商环境。因此，很多企业都希望能够与广汽展开合作，特别是当时广汽与本田的合作已经在市场上大获成功，很多外资企业都很看好与广汽的合作机会，广汽逐渐步入深化合作的阶段。

第三阶段是从2010年开始的，广汽通过自主创新打造自主品牌。广汽发展自主品牌在时间上稍迟了一些，但通过前两个阶段的发展，广汽引进、消化、吸收、再创新，在人才培养、资金方面已经有了一定积累。我们有机会也有能力推进自主研发。从2010年9月广汽传祺第一辆车正式下线，到现在已经有8年的时间。在这期间，前6年自主品牌的年复合增长率高达85%，去年达到了76%，这个增长速度远超我们的预期。

特别是传祺GS4，2017年广汽传祺总销量50多万辆，单这一款车就卖到了37万辆。这更增强了我们对自主研发的信心。最初，我们就是希望从中高端车型开始切入市场，持续地向上突围。

从小到大，从无到有，广汽集团从21年前的年产1万辆到去年的年产200万辆，不仅产销量在持续增长，销售收入也实现了攀升。我们能取得这样的成绩，首要靠的就是改革开放给我们提供的政策和机会；同时，消费者对我们的产品、质量、性价比和服务的认可也很重要。还有一点很关键，广汽能够发展到今天，是靠一代一代广汽人的艰苦努力而实现的。

合资既是资源共享，更是文化融合。

何伟：广汽和其他汽车厂的企业文化不太一样，充分融合了广东人的特点，比较开放务实，也很有工匠精神。如何总结广汽的企业文化特点？

曾庆洪：广东人是比较务实且开放的，广州这个城市作为我国改革开放的试验田、排头兵，本身就是个充满包容性的城市。这些都对广汽的文化产生了潜移默化的影响：既务实又开放。以我们的领导班子为例，很多都来自五湖四海。

何伟：有些企业在合资的过程中看到外方赚到钱了会眼红，广汽似乎基本没有这种心态。

曾庆洪：合资合作的文化很重要，首先要信任，其次要常沟通。我自己在合资企业工作了近 8 年，发现大家在文化理念、思维方式、工作方法上存在很多差异。有时候沟通不畅会造成很多误解。如我们在与日系车企合作的时候，会发现我们认为是好的东西，对方却不一定认同。就和文字上的差异一样，比如日语里的"むすめ"（音同汉语"niáng"），在中文中"娘"指的是"母亲"，但在日语中这个词则指"女儿"，是完全不同的含义。

这个细节再次证明在合资合作中文化融合非常重要。多年来，无论是欧美系的菲亚特、克莱斯勒，还是日系的本田、丰田、三菱，都非常乐于与我们共享资源，而这些都是源于我们在文化上的相互尊重和理解。现今，通过协调发展，我们已经在各种资源上进行共享，有效降低了成本，实现共赢。

何伟：合资的目的是要发展自主品牌，这也是广汽的初心。此前，广汽传祺在起步阶段，从合资方获得了不少资源，包括人才和技术等。但现阶段，广汽的自主已经迈上了可以与合资品牌正面交锋的台阶。在很多自主品牌都不敢进行高端突围尝试的同时，广汽敢于往上走，敢于突破 20 万级别的天花板。随着我国产业政策的越来越开放，下一步自主品牌会面临什么样的状况？特别是对于广汽传祺来说，有哪些新的挑战？

曾庆洪：的确，我们现在面临的挑战很大。特别是在我国产业政策越来越开放的前提下，包括合资股比的逐渐放开、关税的调整，都会对自主品牌产生冲击，这是非常现实的问题。我们与合资企业的关系是既有合作又有竞争。我们也很希望市场的竞争能够更加充分，有竞争才有进步。

具体到股比放开。外方为何会选择与国内车企进行合作，一是因为市场，二是因为成本，三是因为效率。目前我们 50 ： 50 的股比已经能够让双方的优势得到充分发挥，比如外方在技术上的优势，我们在市场方面的优势，这些都让双方的合作配合得非常融洽。我认为，未来无论大的政策发生什么样的变化，我们和外方都是可以坐下来协商、优势互补，最终实现双赢的。最近，外方企业也在与我们谈判，有意向加大合作力度，增强项目投入，这也充分证明了外方对与我们合作的信心。

"很多企业一窝蜂而上，吹嘘要在 2025 年不再销售传统车，这其实是很危险的行为。"

何伟：当前，中国的自主品牌不仅要与外资竞争，还要面对新造车企业带来的挑战。特别是在新能源与智能互联的发展大潮下，越来越多的新造车企业应运而生。广汽在新能源与智能互联方面也早有布局，我们是怎么看待新造车企业的？在融合与竞争方面是如何考量的？

曾庆洪：我很佩服新造车企业的信心和决心。造车涉及法规、服务、安全等方方面面的细节，对于任何一个新进企业而言都是一种挑战。尤其汽车是一种规模经济，企业不可能销售 5 万辆、10 万辆就能赚到钱，如果量做不上去，是很难支撑企业发展的。

我认为，汽车的本质仍然是汽车本身，只不过增加了互联网或者其他的前瞻科技，但造车的本质没有改变，难度和门槛并没有降低。广汽很乐于与造车新势力进行合作，主要是看双方如何把优势进行结合。

首先，广汽在制造方面有优势，我们与日系、欧美系都进行了合资合作，无论是质量还是服务都很有保障，造车新势力对我们的制造优势是相当认可的。其次，我们有配套优势，无论是玻璃还是轮胎，我们都有非常成熟的合作供应商，在供应量上可以得到保障，还可以降低成本。最后是我们的网络优势。目前我们的经销商有 2 400 多家，消费者在购买产品后，无须为后续的维修和售后担忧。我们希望在与新造车企业的合作中，将彼此的优势资源进行共享，这对于大家都是有利的。

何伟： 现在与汽车行业相关的新技术发展得很快，尤其是新能源与智能互联。但行业内也有另外一种声音，认为这些新技术存在被过分追捧的现象。就目前中国汽车市场的发展状况来说，这些新技术的成熟应用或许还是非常遥远的事情。作为一位老汽车人，您是如何判断的？

曾庆洪： 新能源汽车绝对是国家的战略方向，这个方向非常正确。但我认为新能源汽车的发展应该分步实施。现在，政府在推进，市场也在推进，很多企业一窝蜂而上，吹嘘要在2025年不再销售传统车，这其实是很危险的行为。新能源汽车的发展与其配套设施的发展程度有着紧密的关系，绝不是一蹴而就的。

何伟： 我国政府对新能源汽车的支持力度很大，这些年，新能源汽车的发展速度也很快，但在这个过程中，发生了骗补等一系列不太正常的现象，似乎有些揠苗助长。在发展新能源汽车方面，政府与市场之间要形成一种配合。

曾庆洪： 这个问题非常关键。目前，我们在发展新能源汽车方面，在技术上仍然存在一些瓶颈，尤其是动力电池。无论是电池的能量密度还是成本，都有改进的空间。对于企业而言，我们要考虑的是，如果没有了国家的补贴，消费者还是否愿意为新能源汽车埋单？我们如何在电池成本降低的同时提升电池的能量密度？后续我们如何保障电池的使用寿命和解决电池回收问题？如何协调环境、人、车的关系？这一系列的问题都是需要很漫长的时间来解决的，可能是5年、10年，甚至20年。我国新能源汽车发展在战略层面上有整体时间表，但这并不意味着我们要立即实现全面的新能源化和智能化。

现在部分国家陆续宣布了禁售燃油车的时间表，但有的汽车大国并没有这种意向，这说明，不同国家的国情是不同的。事实上，各个国家的能源结构区别很大，比如我国的能源主要以煤电为主，而在美国石油资源却很丰富。我们在发展新能源汽车的过程中，要从国家整体的能源结构、能源安全、环保需求进行全方位的考量，同时也要紧密结合市场需求，既要节能环保，也要符合消费者的真正需求。此外，在技术路线上，我认为新能源汽车的发展并不意味着全面电动化，要实现 PHEV、HEV 等多种技术路线并行。这样才能与我们的技术、能源结构、消费者和环境进行紧密的结合。

自动驾驶也是如此。我认为，L3 级别的自动驾驶很快就会实现，而且会很有实用价值。因为它能够在更大程度上辅助驾驶员驾驶，减少疲劳，提升安全性能。要实现完全的无人驾驶，或许需要很长的时间。这不仅涉及传感器、控制器等技术问题，还涉及法律法规和整个城市的规划问题。综合看来，到 2025 年，中国实现无人驾驶的可能性很小。所以，我认为，无论是新能源汽车，还是自动驾驶，都得循序渐进地发展，需要一个过程，少一些忽悠，多一些现实和理性。

"排名对我们而言，不是最重要的，我们需要的是慢慢地把自己做强大。"

何伟：之前 6 年，广汽自主品牌增长得非常快，但今年上半年增速有一些回落。针对这种变化，广汽有什么样的战略准备？将如何克服困难？

曾庆洪：广汽自主品牌乘用车前几年平均复合增长率可以达到 76% 左右，但今年上半年却只有 7% 的增长率。这其中有几方面的原因：其一，今年前几个月，我们的主力车型 GS4 处于生命周期的末端，所以会对销量构成一定影响。其二，我们推出的全新 GS4，虽然增添了很多智能化、网联化的配置，成本上也上升了很多，但在消费者看来外观上并没有太多变化，无法带来太强烈的新鲜感。或许，消费者还需要一定的时间去了解和认识这款新车型。其三，营销有点问题。虽然我们的产品性价比很高，也很实用，但营销层面没有跟上，因而没有打开市场局面。

针对这些问题，接下来我们会在推出新品的同时，加快对主力车型的更新换代。目前，我们会努力争取完成今年60万辆的销量目标。从董事会的角度来说，我们对自主品牌没有任何逼迫，也没有施压，我们更希望广汽自主品牌乘用车能够实事求是地、扎扎实实地做好产品，发挥广汽的工匠精神，专心、细心地做精品、做服务。我相信只要保持这样的定力，完成今年的目标没有问题。

何伟： 按照全球汽车发展规律，竞争到最后我们可能最终只会剩三五家巨头企业。很多业内人士都认为，目前属于中国品牌汽车企业的淘汰赛也悄然展开了。目前，广汽在国内车企中的排名基本处于5、6位的位置。我们很关注，未来，广汽会如何在发展中谋求一席之地？在全球范围内会处于怎样的地位？广汽的决策层是如何考虑的？

曾庆洪： 对于企业而言，战略很重要。作为管理层，最重要的工作就是要抓战略、抓未来。广汽的未来规划非常明确，就是要围绕智能化、网络化、电动化、数字化、共享化进行发展。针对这个战略布局，我们不仅与外方就合资公司未来10年的发展达成了充分共识，自主品牌这一块也是同样的布局。我们相信，未来的汽车会像手机一样，不再是简单的代步工具，而将成为移动终端。具体来说，未来在智能网联新能源车方面，我们携手合作伙伴将投入450亿元，建设智联新能源汽车产业园重点项目，在资本、人才上进行全面布局。

总体而言，短期内广汽会以市场为导向，一定会以顾客的需求为准实现良性发展。我们不求大，只求强。排名对我们而言，不是最重要的，我们需要的是慢慢把自己做强大。

何伟： 基于智能化、电动化的发展需求，从去年开始，广汽相继与腾讯、蔚来等企业展开了跨界合作。伴随着行业跨界联盟的逐渐增多，是否意味着未来车企和车企的竞争会扩大成整个生态圈、供应链甚至是资本的全面竞争？

与广汽集团董事长曾庆洪合影

曾庆洪：未来的汽车一定是汽车＋互联网＋其他前瞻技术，但这并不意味着我们要把所有的技术都揽过来自己开发。腾讯有微信支付、地图，科大讯飞有语音交互系统，我们没有必要再进行二次开发，通过合作，大家可以实现优势互补、强强联合。这样既能满足消费者的需求，也能形成合力效应。事实上，这样做的效果非常好。

【商业评论】

券商为何青睐广汽？

这是我第二次来到广汽。去年带队《中国汽车报》访团主要是慕名爆款车传祺而来，这次带队《证券时报》访团主要想看看集团全貌。行前，券商分析师告诉我，他们判断汽车行业的晴雨，主要选取三个样本：上汽、吉利和广汽。说实话，选取上汽和吉利不难理解，一个是销量第一的行业老大，一个是增速最快的后起之秀，可是选广汽是为哪般？无论是销量、体量还是名气，广汽在国内汽车集团中只排在5、6位，眼里不揉沙子的资本市场何以青睐广汽？

盛夏的羊城，室外湿热难耐。珠江新城的广汽展厅里，时尚的橱窗、高清的布展和锃亮的样车，令人耳目一新。特别是曾庆洪董事长的现场解说，一一消融了采访团心头的疑团。简单说，广汽作为地方车企，放到改革开放40年的大背景下，在中国汽车从小到大的努力中，有着独特的地位和不可或缺的样本价值。我粗粗归纳，突出价值至少有三。

其一，广汽是开放的先锋。如果说广东是中国开放的先行者、排头兵，广汽无疑担当了我国汽车行业开放的先锋队。最先与标致，后来是本田、丰田和三菱，以及菲克合资，虽历尽曲折与冲突，却得大于失而无怨无悔。广州本身就是个充满包容性的城市，这对广汽的企业文化产生了潜移默化的影响，既务实又开放。广汽的领导班子来自五湖四海，员工也是揽天下英才而用之。进入互联网时代，广汽摈弃门户之见主动与新造车企业合作，与宁德时代合作发力新能源汽车，与腾讯、科大讯飞合作解决智能互联难题，打造不断开放的升级版。

其二，广汽是改革的先锋。中国车企在追赶世界的跋涉中遇到的难题不胜枚举。问题是病，改革是药。广东得风气之先，广汽总是能搭上改革的头班车，譬如国内首家A+H股整体上市的车企，推行的国企股权激励不仅惠及2 600多名骨干，还包含领导班子。曾庆洪告诉我，他们今年又搭上了国企混改的头班车。广汽内部的三项制度改革力度也很大，高管能上能下，能进能出，收入能升能降，在国企里走在前列，无论是机制制度还是文化习惯，广汽是最不像国企的国企。难怪广汽走出了一条"以市场为导向，小投入快产出，滚动发展"的路径。事实上，这种路径也很适合中国的汽车市场。

其三，广汽是发展自主品牌的先锋。广汽是靠合资起家的，相继与国际汽车大佬"攀亲"合资，过过小日子应该不会差，但是他们铁了心干自主。从广州标致时代到广州本田时代，到今天的传祺时代，无论与外资合作如何风生水起，广汽始终没有忘了初心。合资的目的是让自主站到巨人的肩上超越，现实的结果是不少喊自主震天响的国企躺在巨人的怀抱里沉醉不起。传祺却扛起了国企干自主的大旗，一举实现了三大突破：最先实现真正的盈利，且成为广汽旗下一众合资中利润贡献的老大；在合资给自主当老师的同行中，传祺反过来给合资当起了老师；在自主品牌价格向上发起的一次次冲击中，传祺最先突破20万级别的天花板。

窃以为中国自主品牌成长不够快，很大程度源于合资依赖症，只靠喂奶的孩子长不壮。对自主品牌，我们要说两句话，一要自信，二要自省。这也是传祺的经验，只自信不自省，难成气候。只自省不自信，难有出路。

坐在我对面的曾庆洪身心矍铄，气定神闲。即使面对摄像机也有问必答，坦诚应对。从1979年进入广州客车厂起，到如今的广汽，他已经在汽车行业摸爬滚打了近40年，可以说是中国汽车行业发展的参与者、见证人。他强调高质量发展对广汽来说，就是要从产能扩张转到品质品牌。汽车界不应把主要注意力放在扩大产能上，而应以创造中国的世界知名品牌为己任，针对我们的薄弱环节加大创新力度，注重提高产品质量和优化结构。一句话，自主品牌一定要往高端走。"高端定位，品质优先"，今天看给传祺定位的这8个字，似是理所当然，但当年决策时，敢于摈弃从低端开始一步步向上的老套路，应该说内部认识有分歧，外部市场有风险，是一次极不寻常的艰难决策。

今天，站在新起点的广汽，誓把传祺打造成世界级中国汽车自主品牌。但是面临的挑战也是高难度的，譬如眼下的销量不尽人意，自主的谱系还不完善，新车推出的节奏有点滞后，新能源车起步迟缓，等等。我想，这些问题的解决之道同样具有样本价值，同样对同行有着实验价值。难怪券商分析师要如此选取样本，这不仅是对广汽的关注，更是对未来的关注。

格力电器董事长董明珠

十问格力董明珠

访谈主持： 何伟

访谈嘉宾： 格力电器董事长兼总裁　董明珠

开栏的话：

今年正逢改革开放 40 周年，也是中国经济由高速增长转向高质量发展的关键之年。为了弘扬伟大的改革开放精神，推动中国经济转型升级，汇聚资本市场正能量，《证券时报》日前正式启动"上市公司高质量发展在行动"大型系列报道。该系列报道由本报社长兼总编辑何伟领衔，拟走进 100 家表现卓越的行业龙头上市公司，与上市公司高管面对面，深入探访中国资本市场践行高质量发展的好公司、好企业家、好故事。

为了采访董明珠，我们特地起了个大早。从深圳出发，在台风裹挟的疾风骤雨中，驱车近三个小时赶到位于珠海的格力电器总部。

董明珠身着浅色碎花圆领衫，外面罩着一件宝蓝色短袖坎肩，一袭杏粉色长裙款款而来。显然，董明珠很看重此次访谈，精心装扮了自己。

一直处在争议中的董明珠告诉我们，即便参加央视的访谈节目，也不必彩排，直接切入直播环节，她对自己的临场发挥有着十足的自信。

20 世纪 90 年代，我国空调行业开始起步，比日本晚了近 30 年。在 1990 年到 2002 年这期间，空调行业呈现爆发式增长，但这期间我国企业没

与格力集团董事长董明珠对话

有自主技术，整个行业就走向了价格竞争的方向，行业竞争混乱。

1994年，董明珠在格力发起营销体系变革，将产品质量作为格力电器的根基。次年，格力电器的销售额就增长了7倍，首次超过了春兰老大哥。获得了产品质量口碑后，格力开始进行渠道建设，并在2005年以后完成了从没有技术到"核心技术自主研发"的转变，成为行业内的技术引领者。

（一）

如今，在空调行业内，格力电器的最新力作是光伏空调。去年，由格力电器自主研发的全球最大光伏空调项目落地美国，公司光伏空调系统客户已经覆盖22个国家和地区，主要集中在中东、北美、东南亚等地区。董明珠说，"格力的光伏空调卖到全世界，特别是在中东，最受欢迎"。

何伟：光伏空调这个概念是怎么产生的？

董明珠：我们希望通过创造来改变这个世界，这是我们企业的出发点。

如果我们自己不研发，跟在日本后面走，那我们的空调永远不可能升级，永远不可能颠覆。

光伏空调的产生是因为我在北京开人大会，当时有雾霾，大家想的是什么？商业机会来了，格力可以卖净化器了，又赚钱了。但是即使净化器能解决空气问题，但我们不出门吗？所以，得从根本上来解决雾霾问题。现在，家家都用空调了，中国的发电量30%可以说用于了空调领域，如果我们30%的煤不需要了，节约了多少资源？减少了多少污染？我就带着这个问题回来，我觉得企业要思考这个问题，我们所有的产品不破坏环境、不污染环境、不消耗资源，这就是我们追求的科技发展方向，回来我就跟技术员说，我们能不能做一个不要电的空调？

大家说不要电不可能，我说我讲错了，能不能用一种新的能源来替代？比如说风能、光能、热能。用了两三年时间，光伏是第一个突破的。当时我们开发空调的时候，研究人员最后都没信心了，那么漫长的一天一天熬过去，一天一个电机就是几十万没了，大家都觉得，投入那么多，最后如果出不来结果，怎么交代？我说一个亿没有了，也不会追究你们的责任，即使两个亿投入没有了，也要投。

研发嘛，没有失败怎么可能有成功呢？你不成为领导者，你不成为创造者，你永远就只能是一个跟随者。单纯从经济角度考虑，你可能觉得不值得，但你从社会价值的角度考虑，是非常值得的。

（二）

格力电器曾在2017年年报中披露，2018年的经营计划和远期产业规划，公司未来将在产能扩充和多元化拓展方面加大投入，重点涉及智能装备、智能家电、集成电路等新产业的技术研发和市场推广。一时间，关于格力电器要做芯片的舆论充斥网络。直到近期，格力电器进军芯片行业的说法有了实际行动。国家企业信用信息公示系统显示，8月14日，珠海零边界集成电路有限公司成立，注册资本10亿元，经营范围为半导体、集成电路、芯片、电子元器件、电子产品的设计与销售等。

珠海零边界集成电路有限公司是格力电器的全资子公司。资料显示，珠海零边界集成电路有限公司有 5 名管理层人员，其中，董明珠任董事长，格力电器副总裁、总工程师谭建明任董事。

何伟：中兴通讯事件发生后，国人对中国高端制造业的"缺芯"进行了反思，格力也要做芯片，您的战略部署是怎样的？

董明珠：我看到网上有个段子，说别人做芯片，那是喊喊而已，所以股价涨了，是炒概念；格力做芯片是要真搞，董明珠还号称要用五百亿元来做，那五百亿就没了，我们股民不答应。但是，我反过来问，股民是今年炒了股票就跑，还是用一辈子都跟着格力发展，从中得到收益呢？我相信，大部分的股民是希望在格力的发展过程当中受益，所以我认为芯片必须要做。这仅仅是从一个窄的范围来看这个问题，但是我们更多地讲，一个企业要想成为创造者，如果没有创造能力，没有新的技术支撑，谈何服务世界呢？

（三）

经过近 30 年的发展，格力电器在空调行业的龙头地位无人撼动。2017年，格力电器的营业总收入超过 1 500 亿元，净利润达到 224 亿元。2016 年、2017 年，格力电器销售净利率分别达到 14% 和 15%，远高于其他白电及黑电整机企业，也高于家电板块。但格力当前对自身的定位是一家多元化的全球型工业集团，在巩固和发展空调产业的同时，不断向智能装备、智能家居、新能源产业延伸。

自 2013 年起，格力电器开始进军智能装备领域，董明珠说，"高端装备将成长为格力电器的第二大支柱产业"。格力电器还挑了精密铸造这个领域，董明珠说，铸造很"枯燥，不是马上能够赚大钱的东西"。

她反复强调技术对格力的重要性，"格力电器不是在眼下简单地考虑数据变化，而是考虑对核心技术掌控的能力"。

何伟：格力电器一直以来聚焦空调主业，近年来有一些多元化经营，格力的多元化发展现在处于什么阶段了？

董明珠：未来，格力可能会有几个主业。空调是一个主业，再有一个是智能装备和机器人。智能装备方面，必须要解决工业母机的问题，我们现在已经解决了。我们工厂里一边是德国的数控机床，一边是格力的数控机床，同时在加工叶轮。如果我们的数控机床能走向世界，为全球服务，是一个什么概念？在机器人方面，以后工厂越来越智能化，是需要有技术支撑的，这个支撑点就是我们要做的。第三个是铸造，铸造是很枯燥的，不赚钱，但我要干，因为如果没有这个做基础，一切都实现不了。所以，我选择的这几个领域都是挑战自己、吃苦头的事情，都不是马上能够赚大钱的东西。

（四）

何伟：在格力的多元化方面，您希望在下一个周期里面，各项业务将来的比例是什么样的？

董明珠：我觉得，这个比例不能完全说明问题。智能装备的基数很小，如果基数是1个亿，增长12倍，也就12个亿，但空调的基数是1 000亿，增长3%是什么概念？那就是超过了智能装备的增长，所以这个比例，我觉得不能作为一个发展的评论。但是我认为，作为格力来讲，它在空调领域里面是完全走在了世界的前列，它的技术研发不会停步，它会依然改变、提升，从节能、环保、舒适这个角度去做技术升级，它的市场依然还会有很好的成长空间。而智能装备和机器人也都是我们的目标，不是在眼下简单地考虑我们的数据变化，而是考虑我们对它的核心技术掌控的能力。我们不考虑数量的问题，而是考虑服务问题，我认为这个增长空间是无限大的，但这个无限大什么时候能够实现，它是需要时间培育的。对于格力的发展，我们讲2023年做到6 000亿，我们只是说有这个梦想，有这个目标，并没有讲我们2023年一定会做到6 000亿。

（五）

2016年11月，格力电器宣布终止收购珠海银隆100%股权。而后董明珠力挺银隆，以个人资金入股，还拉来万达集团董事长王健林、京东集团董事局主席兼首席执行官刘强东入伙。

珠海银隆主要进行钛酸锂电池、新能源汽车、储能系统和配套充电设施的研发、生产和销售，是一家覆盖新能源全产业链的综合型新能源企业。新能源领域也是格力电器重点部署的一个领域，比如格力的光伏空调。

今年以来，有关银隆遭遇经营困局的消息不胫而走。今年7月，银隆总裁赖信华曾在媒体采访中表示，董明珠没有参与银隆管理，但有时候会和她交流。

何伟：银隆的新能源汽车现在做得如何了？

董明珠：北京的公交车基本都是它（银隆）的。银隆这个项目本身是没有问题的，主要是企业有一些管理漏洞。银隆的新能源电池技术，最大的亮点就是解决了安全问题。

第二个，它的使用寿命长，一台车装上钛酸锂电池，可以一直用到报废，不用再更换电池，运营成本就降低了。同时，它也能给大巴车做服务，是最好的储能选择。以后，家庭都智能化了，家电一体化管理，靠什么？怎么保证它正常运行？我觉得储能是必备的。所以，当时我为什么要投资银隆，就考虑到未来五年、十年以后，这是必不可少的一个技术。

以后，整个家庭都是靠电来支撑，如果我们不解决储能问题，万一遇到不可预测的一些变故的时候停电了，家里还能智能吗？所以，我们现在要做储备，去研究，而不是说今天做这个今天赚钱，我就做这个，如果今天做就赚钱，格力早就应该去做房地产、做金融、搞借贷。其实，格力也没有吃亏，我们的利润在不断增长。

（六）

2016年底，"宝万之争"正酣之际，一则股价波动停牌核查公告将格力电器的"准举牌者"推到台前。随后，格力电器根据交易所关注函要求核查股东情况，发现宝能旗下的前海人寿自2016年11月17日至2016年11月

28 日期间大量买入格力电器股票，持股比例由 2016 年三季度末的 0.99% 上升至 4.13%，成为公司第三大股东，但其持股尚未达到 5% 的披露标准。

2017 年 9 月 19 日，格力电器首次举牌主营空调压缩机的海立股份。格力电器对海立股份的增持始于 2017 年 8 月 29 日，今年 4 月，格力电器继续增持海立股份，并在 7 月 4 日完成二次举牌。

值得注意的是，2017 年 8 月 14 日，海立股份曾公告，经上海市国资委批复同意，公司控股股东电气总公司拟以公开征集受让方的方式，协议转让所持公司全部股份，占公司总股本的 20.22%。但几天后，8 月 23 日海立股份公告，因转让条件尚不成熟，控股股东决定终止协议转让股份。

何伟：这一年多来，格力两次举牌空调产业链上的海立股份，是出于什么样的考虑？

董明珠：海立股份是做空调压缩机的，格力是目前唯一一个自主研发压缩机、自主生产压缩机的企业。目前来讲，我们对压缩机领域的掌控能力是非常强的，海立跟我们长期有合作关系。以前，我们的压缩机厂很小，需求量远远大过我们自身的生产能力，所以，海立大概三分之一的压缩机是提供给格力的，我们是海立最大的客户。

2017 年 8 月，海立股份的控股股东打算以公开征集受让方的方式转让控股权，我们觉得海立这个品牌不应该丢掉，格力也有这么大的支撑能力，我们希望在中国做成一个世界级的压缩机厂，有这样一个梦想，我们就参与了海立股份控股权的转让。

当时，我们把材料报上去了，但后来又接到通知说不转让了。格力如果在压缩机这一领域不断扩大，可能跟海立就完全成为竞争对手了。既然这样，我们就觉得，不一定是要控股它，但是我们可以参与进去，基于这个原因，我们成了海立的股东，从技术上可以更好地沟通。

我们希望把海立做大，能够做成一个世界级的压缩机厂，不是为了争取控制权，控制后你没有能力去改变这家公司，控制了又有什么意思呢？我们不靠股票升值赚钱，而是希望把海立做得更好。

（七）

何伟：当年，"宝万之争"很厉害，期间宝能增持格力电器并没有到达举牌线，但交易所的关注使宝能的持仓曝光，当时的情况是怎样的？

董明珠：当时，宝能来买格力股票，我说没关系，因为他是投资者，任何人都有权利来买格力的股票。但是有一条，不能带着企图，带着恶意。

当时我跟董秘讲，看一下为什么这几天几百亿资金进出，我当时觉得资金这样大进大出，股价这样波动，有一部分投资者会被伤害。我们看到股东名单后，就通知对方公告，对方没公告。尽管宝能还没有达到 5% 举牌线，但我们觉得格力是一个负责任的上市公司，我们应该公告，所以格力电器公告了。

其实，谁来并不重要，什么心态来很重要。很多金融机构举牌实体企业，也是看好实体企业，希望通过概念把股价炒高，这种案例已经很多了，把实体企业搞垮了。

有很多你们不知道的小上市公司，都是在举牌这个过程当中被灭掉了，最后成为僵尸企业。我觉得上市公司要加大监督，不能让小股民受害，小股民受害就是因为在股价的波动当中受害，而不是在投资过程当中受害。

在万科之争当中，我没有去研究究竟出了什么问题，但是如果我们低价收购，然后炒概念再高价卖掉，让一批人来接高价盘，这些人才是真正的受害者，我们不希望这样的现象出现。

（八）

谈到格力电器，分红是个绕不开的话题。无论是机构股东，还是中小股东，对公司分红都格外关心。

今年是格力电器上市的第 23 个年头。自 1996 年上市后，格力电器共分红 19 次。年度分红是格力电器的"例牌菜"，2017 年是一个例外，格力没有搞年度分红，并因此被交易所关注。

格力电器 2017 年没有分红的主要原因是公司未来在产能扩充及多元化拓展方面将进行大量资本性支出，需要相应的资金储备。

截至 2017 年，格力电器累计实现净利润 1 076.14 亿元，累计现金分红 417.92 亿元，分红率达 39%。

何伟： 格力电器是多类机构的长期重仓股，机构也曾有成功向格力电器推荐董事的案例，怎么看待机构投资者的作用？

董明珠： 我觉得有两种投资者。一种是投资某个企业，短期就想获得暴利，这是炒股，不是投资；还有一种投资者，他们真正是想跟着企业发展，通过企业发展来获得收益。我希望这些投资者能够维护企业的发展战略，能够意识到不是你投资的这个公司用股价给你带来回报，而是企业通过创造带给投资者回报，我希望投资者能用这样的心态来投资格力。作为投资者，不是说希望他们跟着格力长跑，我不能强行绑着投资者一直跟我跑下去，而是希望投资者要有好的心态。

（九）

何伟： 未来分红的预期还在吗？

董明珠： 当然了，我们未来一定会分红，但是在什么时候分，分多少，我们要去思考，今年也许分红，也许不分红。如果从纯粹分红角度来讲，格力对股民是负责任的，当时我们从股市上只募集了 50 亿的资金，我们现在给股民的现金分红回报已经超过了 400 亿，从这个角度来讲，格力电器已经完成它的任务了。

说老实话，我支持不分红，但我自身也是格力的股东，单作为我个人来讲，更希望分红，因为我不分红，就少了近一个亿的收入，要分红我就可以多拿一个亿，为什么不分？但我不能站在个人受益角度来考虑，得站在企业发展角度去思考，企业可持续发展需要资金的保证，格力现在投资芯片，就是需要钱。

格力不是靠炒股票来支撑的，是靠自己的发展来支撑的；是员工创造财富，不是股民的钱在创造财富；是劳动创造财富，不是资本创造财富；这个概念一定要清晰。

（十）

当下，在稳杠杆、去杠杆的背景下，部分行业的企业出现困难。采访中，董明珠不断流露出对制造业的情怀，她坚决表示，不做房地产，不做金融。"我们国家那么大的金融机构，那么多的银行，他们完全可以支撑金融的发展，我干吗要去搞这个？如果金融跟实体经济完美地结合，那不是共赢吗？"

董明珠说："房地产赚钱赚得太快了，赚得太多了，赚到最后你不想干吃亏的事了。所以我说，坚决不做房地产，赚再多钱我也不做，如果大家都认为董明珠你不赚钱，我们不愿投你，那你把股票卖掉。"

何伟：国家宏观调控去杠杆出现了一些新的现象，国外资本市场对中国的经济还是看好，最近股市外资进入也很多，但是国内好些企业日子很难过，面临着去杠杆，您怎么看这个事情？

董明珠：我觉得外国资本看好中国，是在资本这个层面运作，我不敢做任何评价，但是我认为，搞资本运作，像这样倒进来倒出去，是以暴利为原则的。其实，真正难过的，我觉得还是没有技术支撑的企业。我认为，所有的企业家静下心来，不要浮躁，还是要有一种使命感，国家与我们共荣，从思想上要有这样一个认知。

第二个还是要加大对自身生存能力的思考，不要老是依赖别人。很多时候，国家出台一个政策，比如说搞自动化、买技术、引进人才等，企业马上蜂拥而上，但都没有那种自主培养人才的精神。自主培养人才会很辛苦，但是能真正撑起一片天，像格力的员工现在就被空调行业的同行来挖人，应该出台政策保护这些创新型企业，恶意挖人需要付出代价。但是，可以建立一种机制，用协商方式对其他企业进行支援，等等。

董明珠气场强大，用"霸道总裁"来形容并不为过。这次访谈还聊了很多其他问题，比如谈到如何处理与地方国资主管部门的关系，董明珠的回答很直接："关心是需要的，干预是肯定不行的！"她解释："比如说我们珠海市国资委主任，如果想好了应该做什么，那我相信下面所有的企业都能干好，因为你有人事权，就要把合适的人安排在合适的地方，那企业怎么可能干不好呢？关心是一定要的，但是不要瞎指挥，那叫干预。你不瞎指挥，企业不就做好了吗？"

　　董明珠确实率性，敢言人所不敢言，但也确实是富有见地。当然，我们想知道更多敏感问题的答案，但一触及特别敏感的问题，董明珠也会迅速抽身"闪人"。例如，当我们期待她能讲出更多"逼退"宝能的内幕故事时，她说："实际上很多的经历，回头再看，还是一句话，正道很重要。我跟他们讲了一句话，当你的心能装下这个世界的时候，世界就一定容得下你。"说完这句话，她的话戛然而止。

广汽乘用车总经理郁俊

自主大戏看传祺

访谈主持：何伟

访谈嘉宾：广汽集团执行委员会副主任、广汽乘用车总经理　郁俊

"与年产销规模已达到 100 万辆的第一阵营自主品牌相比，广汽传祺的规模和体量还相对较小，在产销规模方面仍需发力。我们明年的目标是 70 万辆，2020 年是 100 万辆。"

何伟：作为今年《中国汽车报》的一项核心重点采访报道工程，"中国品牌巡礼"从 5 月开始，在为期半年的时间里，我们报道团队的足迹基本走遍了国内主流自主品牌车企。广汽传祺作为今年巡礼的最后一站，有着深刻含义。2017 年，可以说是自主品牌汽车集体向上崛起的元年，广汽传祺在成长和发展中的成绩和特点，值得总结和借鉴。

郁俊：今年 1～10 月，广汽传祺 SUV 与轿车全矩阵均衡发力，累计销量超过 42 万辆，同比增长 42.4%，可以说，显示出充满活力的增长模式，不仅发展速度快，而且增长质量高。成绩的取得得益于广汽传祺"健全体系、强化体质、创新变革"的事业方针，通过在渠道能力、品牌向上、产品投放、售后服务等多维度的提升，推动广汽传祺实现高品质、高效益增长。

从 2008 年成立、2010 年底首款车型上市、2011 年销量只有 1.7 万

与广汽乘用车总经理郁俊对话

辆，到去年全年销量突破 37 万辆，6 年以来，年复合增长率超 85%，再到今年年产销超过 50 万辆的目标，作为一个成立仅仅 9 年的年轻自主品牌，广汽传祺的发展速度有目共睹。不过，我们清醒地认识到，与年产销规模已达到 100 万辆的第一阵营自主品牌相比，广汽传祺的规模和体量还相对较小，在产销规模方面仍需发力。我们明年的目标是 70 万辆，2020 年是 100 万辆。

目前，产能不足一直是制约因素。为此，我们在全国展开了布局，有序推进异地工厂建设，提升产能，形成了覆盖珠三角、长三角和"一带一路"经济带的战略布局，为广汽传祺可持续发展奠定了坚实的基础。其中，在杭州建设产能 20 万辆的工厂、新疆建设产能 5 万辆的工厂，宜昌建设产能 20 万辆的工厂。2020 年，广汽传祺传统能源汽车年产 100 万辆的布局基本已经完成。此外，在智能网联、新能源领域，广汽传祺也展开了重点布局。我们投资建设了智能网联产业园，总共有 40 万辆的新能源汽车产能，一期 20 万辆，预计 2019 年初建成。

"这么多年，没有一个中国自主汽车品牌真正成功进入美国市场，所以我们几年前就有这个考虑，并为之努力。我们计划 2019 年下半年正式入美。"

何伟：总体感觉，广汽传祺的成长势头很猛，在战略布局、技术研发、产品制造、市场开拓、营销服务等环节，都呈现出齐头并进的良好状态。尤其在海外战略层面，广汽传祺有着清晰的国际化战略目标：2019 年要正式进入美国，跻身国际主流市场。传祺的梦想很大。

郁俊：广汽传祺自成立以来便从中高端市场切入，坚持正向开发，坚持国际标准，通过创新驱动稳步推进产业结构转型升级，实现效益和质量并重，获得了市场和消费者的认可。

在全球市场，广汽传祺的目标是做世界级的中国品牌。我认为，广汽传祺具备这样的优势。目前，广汽传祺已经成功进入到全球 14 个国家。去年，我们对国际化战略进行了进一步梳理，看到大部分中国自主品牌汽车的海外市场主要是欠发达的国家和区域。根据广汽传祺中高端自主品牌的定位，在海外布局上，我们要走出一条和别人不同的路。一方面，沿着"一带一路"经济带拓展海外市场；另一方面我们要挑战美国市场，美国市场是全球除了中国以外最大的单一新车市场，同时也是法规、标准最严苛的市场。

这么多年，没有一个中国自主汽车品牌真正成功进入美国市场，所以，我们几年前就有这个考虑，并为之努力。广汽传祺是唯一一家先后三次参加北美车展的中国汽车品牌。明年，我们会进一步扩大规模来进行全系车型的集中展示。美国市场是值得我们去挑战的，进入美国市场，是对我们从研发、设计到制造的一个整体检验和提升。如果能够成功进入美国市场，那么我们有信心进入全球的任何一个市场。为此，我们在全力以赴地做准备。

为了能够成功进入美国市场，我们对自身情况进行了详细评估，花 3 年时间进行准备，计划 2019 年下半年正式入美。这 3 年的时间，我们会把各项准备工作都做得很扎实。作为第一个大批量进入美国市场的中国自主汽车品牌，我们希望能够成为一个成功的案例。

广汽传祺要国际化，我们的研发也要国际化。目前，我们在美国硅谷设立了研究院，主要进行前瞻基础性研究。另外，也在同步规划其他研发中心，覆盖外观造型、内饰设计、整车技术方面的研究。

今年是广汽传祺品牌国际化全面加速的一年。中国自主品牌在国际市场上要用品质征服市场，而非价格。未来，广汽传祺还将从品牌构建、合作模式、团队培养、产品导入等方面进行有针对性的国际化战略部署，逐步构建起完善并且具有国际竞争力的海外事业系统，实现产业链在全球范围内的合理布局，同时精选市场，重点突破，达到海外事业规模和效益的最优化，将广汽传祺打造成世界级的中国品牌。

"目前来看，至少在新能源汽车领域，中国车企是有赶超机会的。在传统燃油车领域，虽然不是所有自主品牌都能超越，但不排除一两家优秀的企业经过持续努力实现赶超，但时间还无法具体化。"

何伟： 自主品牌汽车集体向上的趋势有目共睹，目前就产品而言，自主品牌与合资品牌之间还存在多大差距？

郁俊： 就整体而言，无论是广汽传祺还是其他自主品牌车企推出的产品，在某些方面或许已经与大部分同级别合资品牌产品达到同一水准，甚至部分性能已经超越同级别合资品牌产品。但整体上来看，自主品牌与合资品牌还有差距。我们会找出差距，采取对策，争取在几年内实现在综合水平上与他们比肩。广汽传祺全体员工都清楚，我们有一个梦想，就是把传祺打造成世界级的中国品牌。达成这一目标，首先要超越主流合资品牌，然后才有可能在国际市场上与国际品牌同台竞争。

何伟： 关于超越，现在有一种观点是，在传统能源车领域自主品牌可以实现，还有一种观点是自主品牌在传统能源车领域只能缩小与合资品牌的差距，超越恐怕不太可能。对此，你怎么看？

郁俊：我个人认为，这两种可能性都是存在的。当前，全球汽车产业正在深刻变革，这给了中国车企新的机遇。目前来看，至少在新能源汽车领域，中国车企是有赶超机会的。在传统燃油车领域，虽然不是所有自主品牌都能超越，但不排除一两家优秀的企业经过持续努力实现赶超，但时间还无法具体化。

何伟：在持续向上和不断超越的过程中，广汽传祺的优势在哪儿？

郁俊：广汽传祺的目标是，在 2020 年前后成为中国汽车的领导品牌，更远一点的梦想要成为世界级的中国品牌。《汽车产业中长期发展规划》明确提出，到 2025 年要有若干中国自主品牌车企进入世界前十之列。在这个目标下，自主品牌车企都在全力挑战自己，希望成为行业的领先者。

尽管在中国自主品牌群体中广汽传祺的发展速度不是最快、规模不是最大的，但我们的综合竞争力是相对领先的。首先，和一些自主品牌不同，我们的产品从中高端切入的；中高端品牌定位为传祺品牌向上突破奠定了基础。一些企业担心，在中高端市场无法与合资品牌竞争，因而起步从低端市场开始，品牌再突破向上。但是，他们慢慢会发现，产品和品牌在消费者心中已有定位，向上突破很难。现在来看，广汽传祺的发展路径有一定前瞻性。其次，始终坚持正向研发。第三是品质保证。广汽传祺从成立之初即坚持品质优先，在 J. D. Power 中国新车质量评价中，传祺连续五年蝉联中国品牌榜首。此外，坚持创新驱动和全球采购等，也为我们提升产品品质奠定了基础。

从全球汽车产业发展的历史经验来看，品牌的竞争力在于良好的质量保证和及时满足消费者不断提高的需求，这些都需要强有力的供应链体系作为支撑。广汽传祺坚持"共同发展、合作共赢、同等优先、淘汰落后"的供应商体系建设原则，与广大供应商建立了平等、互利、共赢的伙伴关系，让供应链保有成长的活力。

另外，广汽传祺在充分融合欧美、日韩供应链体系优势的同时，用自身的技术优势着重培养国内优秀供应商。在与国内供应商合作的过程中，由广汽研究院主导零部件产品开发过程，确定关键技术指标，广汽传祺还会派驻技术人员与供应商协同攻关，共同提高零部件产品品质。依托全球化的供应链体系，广汽传祺供应保障能力和供应品质大幅提升，可以快速有效地应对市场变化，打造出更多深受消费者信赖的高品质产品。

"不能只依赖一款车型，也不能只依赖 SUV 支撑销量增长。在轿车领域，我们启动了'轿车振兴计划'，对 GA8、GA6 进行了重新定位和重点推广。今年广州车展，全球首发了传祺首款 MPV 车型 GM8，年底投放市场，接下来还有很多新能源车型陆续导入。"

何伟：我特别注意到，广汽传祺虽然入局晚，但进入角色快，尤其是在令很多自主品牌车企头疼的事情上，广汽传祺却迎刃而解，比如盈利问题。广汽传祺不仅实现盈利快而且盈利能力强。你们有什么招数和经验？

郁俊：集团全力支持、重视人才选拔及培养，是提升盈利能力的关键。"十三五"期间，广汽将举全集团之力打造传祺品牌。

我们打造了"技术最优、品质最佳、成本最低、供应最及时"的广汽采购方式，其核心是筛选和管理供应商，严控零部件品质。健全和提升体系管理能力，充分挖掘供应链潜力，将供应商价值最大化，这样才能更好地服务于广汽传祺的研发、生产，保障产品品质持续稳定在较高水平上，同时有效降低成本。

很多优秀的配套商加入传祺的供应商行列中来，他们愿意在价格、技术方面向我们倾斜，这为广汽传祺的成本控制和盈利能力提升提供了优越条件。

目前，世界排名前十的汽车零部件供应商均为传祺配套，大家在零部件配套、产品开发、技术共享、成本控制、市场开拓等方面深化合作，共同谋求更广阔的市场空间。

何伟：众所周知，GS4 是广汽传祺最突出的爆款车型，为传祺成为传奇居功至伟。GS8 继 GS4 之后再自主品牌中成功切入中高端 SUV 市场，成为传祺的第二款爆款车型。但是，必须清醒地认识到，只有产品在各细分市场均衡发展，企业的整体运转才更良性、更可持续，品牌才能真正实现稳步提升。对广汽传祺而言，如何使全线产品实现均衡发展？

郁俊：的确，一家企业单靠一款产品支撑销量增长是很危险的事情，去年我们考虑要逐步摆脱对单一产品的依赖。

在 SUV 细分市场，我们打造了 GS4、GS8 双明星车型。今年 10 月，传祺 GS8 的销量再度破万辆，重回大七座 SUV 细分市场第一。在此之前，自主品牌还没有中高端车型的月销量能达到 1 万辆，可以说，传祺 GS8 是个突破。我们非常有信心，将 GS8 打造成年销 10 万辆的明星产品。除此之外，传祺 SUV 家族的另外两款车型——GS7 和 GS3 自 8 月底上市至今也获得了良好的市场表现，GS7 订单超 1.6 万辆，GS3 有 2.8 万辆。相信随着产能的释放，传祺还将有更多的明星车型形成强大的矩阵效应，推动传祺快速发展。

目前过于依赖 SUV 是自主品牌车企面临的共同问题，我们也做了相应规划去改变这一现状。不能只依赖一款车型，也不能只依赖 SUV 支撑销量增长。在轿车领域，我们启动了"轿车振兴计划"，对 GA8、GA6 进行了重新定位和重点推广。GA6 从下半年开始月均销量超 2 500 辆，居细分市场前列，GA8 连续数月位居中国 C 级轿车市场第一。通过不断完善轿车产品，实现轿车和 SUV 平衡发展。今年广州车展，传祺首款 MPV 车型 GM8 全球首发，计划年底正式投放市场。接下来，我们还有很多新能源车型陆续导入。

"在新能源汽车领域，广汽传祺一直保持着积极主动、超前布局、厚积薄发的姿态，始终将新能源汽车视为重中之重，坚持高起点、高标准推动新能源汽车产业发展。"

何伟：在迎接电动化、网联化、智能化、共享化的行业发展趋势的过程中，广汽传祺有哪些重点布局？

郁俊：今年，我们先后导入了 3 款新能源车型 GS4 PHEV、GA6 PHEV

和纯电动车型 GE3，几款新能源车型的最高时速和续驶里程等指标在同级竞品中居于领先水平。虽然目前广汽传祺在新能源汽车领域的销量不是很大，但我们一直注重核心技术的积累。比如，在新能源汽车领域，广汽传祺一直保持着积极主动、超前布局、厚积薄发的姿态，始终将新能源汽车视为重中之重，坚持高起点、高标准推动新能源汽车产业发展。

今年 4 月，位于广州市番禺区的广汽智联新能源汽车产业园正式开工建设。产业园总体规划面积约 7 500 亩，将分期打造"智能制造区、创客服务区及生态小镇"三个功能区域。其中，新能源汽车整车制造规划年产能为 40 万辆，首期项目为广汽乘用车新能源汽车产能扩建项目，年产能为 20 万辆，计划于 2019 年初建成，首款产品拟定为传祺 A 级纯电动汽车。按照规划，产业园将最终打造成智能、开放、创新、绿色、共享、生态的国际智联新能源汽车产业创新生态城。这个产业园建成之后，不仅将广汽集团旗下的所有企业可以使用它，社会上的有关企业也可以使用它。

何伟：在前瞻性领域，广汽传祺也有了很多研发和积累。但行业也有一种声音认为，很多前瞻性技术目前是超越市场需求的，对此你怎么看？

郁俊：我们非常注重洞察行业发展趋势，在新能源、智能网联方面都有投入。虽然技术最终的落脚点还是市场、消费者，但前瞻技术的研发也要走在前面。在这方面，我们有机会和国际企业站在同一起跑线上，特别是新能源汽车和智能网联技术的发展给了中国车企一个机会。在这个领域，我们可以和国际企业同台竞争，有机会去赶超。当前，全球的人才都在向这些领域汇集，深刻影响汽车产业。

依托广汽全球研发体系和前瞻技术的超前储备，广汽传祺深入洞察未来出行方式及消费升级需求，通过整合智能制造、移动互联、云平台和大数据，打造智能汽车生态圈，为未来移动生活创造无限价值。

何伟：传祺的目标是打造世界级的中国品牌，这需要什么样的品牌文化核心？

郁俊：明年是广汽传祺成立 10 周年，我们正在梳理全新的企业经营哲学，进一步明确传祺的品牌愿景和核心价值观。我们将站在新的高度，以全球化的视角，打造广汽传祺的全新国际品牌形象。今年，我们确立了"健全体系、强化体质、变革创新"的改善方针，重树企业品牌形象。明年，我们将把更加符合打造世界级中国品牌需求的全新传祺品牌形象确立下来并对外发布。

面向新时代，广汽传祺将以国际前瞻的视野、专注务实的态度、开放包容的姿态，为全球消费者持续打造符合潮流设计理念的高品质产品，向世界传递中国自主品牌的人文精神和品牌内涵，不遗余力地将广汽传祺打造成世界级的中国品牌。

【商业评论】

不传奇，无传祺

走过万水千山，历经酷暑寒冬，"中国品牌巡礼"的最后一站，也是"压轴戏"选在了南国的广汽，放在了新秀传祺，读者或许会问为什么？

从偏居一隅的地方车企，壮大到世界 500 强，市值突破 1 500 亿元，广汽本身就是一个传奇，而其自主品牌传祺的发展算得上另一个传奇。广汽是靠合资起家的，相继与国际汽车大佬攀亲合资，过过小日子应该不会差，但是他们铁了心干自主，铆足了劲造传祺，在中国品牌大舞台上，一气给我们讲了三个令同行折服的传奇故事：一是相比大多数还靠合资品牌养着的自主同行，传祺最先实现盈利，且成为广汽旗下所有子品牌中（含合资品牌）利润贡献度最大的；二是打破了自主品牌在技术上一直仰仗合资的"传统"，传祺在某些核心技术上居然反过来给合资品牌当起了老师；三是在自主品牌乘用车企业群体近年来发起的一轮又一轮"突破 15 万～20 万元价格天花板"的战役中，传祺最先突破 20 万元级别的天花板。

传祺的这三个传奇，剧情引人入胜，必将在中国乃至世界汽车发展史上留下精彩一笔。本期的深度报道将全方位解读。这便是我们把巡礼的"压轴戏"放在传祺的缘由。

初冬的羊城，气候如春，十分宜人。广汽乘用车厂区里，生产很火热。用行话来说，产销两旺，景气指数真不低。传祺正开足马力冲向 50 万辆的年度销量目标。消费者提车的急切目光，产能跟不上的苦恼，还有员工放弃休假加班加点，统统淹没在车间生产线的轰鸣声中。

传祺现任当家人郁俊营销出身，集合了广东人的务实和浙江人的精明。我们的访谈开门见山，从多年前传祺上马的决策内幕开始。"高端定位、品质优先、创新驱动"，今天看给传祺定位的这 12 个字，似是理所当然，但当年决策时，敢于摈弃从低端开始一步步向上的套路，应该说内部认识有分歧，外部市场有风险，是一次极不寻常的艰难决策。平平淡淡，循规蹈矩，从来铸就不了传奇。此外，广州素来得风气之先，埋头实干，厚积薄发，是广汽铸就传奇的文化基因。传祺的目标是做世界级的中国品牌，这自然是我们翘首期待的新传奇。

自主品牌强，则中国汽车强；中国汽车强，则中国经济强。2017 年即将过去，"中国品牌巡礼"也即将落幕，我们欣喜地看到，中国品牌集体向上的传奇正在四面八方上演，上汽、吉利、长安、长城，群星闪耀；研发投入、精益制造、网联销售，步步为营；电动化、智能化、网联化，齐头并进……中国汽车品牌在加速，在追赶，在超车。经历了困惑与挫折，艰辛与拼搏，曾经不被看好的中国汽车终于伴着"十九大"的脚步走进了新时代。作为汽车行业的舆论领袖，《中国汽车报》责无旁贷，将不遗余力继续为中国品牌加油呐喊，并为置身于其中而深感自豪，备感荣耀。

历史将记住这一年。

长丰集团董事长李建新

重返自己的赛道

访谈主持：何伟

访谈嘉宾：长丰集团董事长、猎豹汽车总裁　李建新

"如果没有错过这段黄金发展期，我相信现在的销量不会低于长城汽车。"

何伟：一直想和李董事长进行交流，今天终于实现了。上午，我们参观了猎豹的工厂，试驾了猎豹的燃油车和电动车，对企业有了一些了解。在汽车行业中，长丰猎豹是"老字号"企业，但发展过程中也有一些曲折，回归整车行业后，猎豹勇敢地提出了"第四次创业"，近几年的业绩也实现了稳步增长，这是件挺令人敬佩的事情。今天的汽车市场的竞争程度远超10年前，过了那个只要把车造出来就不愁卖、不愁不赚钱的时代。应该说，如今的汽车行业已经由资格赛变为淘汰赛，自主往上走，合资往下压，还有一些外资等待机会。

我看了猎豹汽车的发展历程，第一辆车下线距今已经30年了，请梳理一下，猎豹品牌发展从无到有、从小到大的成长过程，成功的方面以及一些挑战和困难。

李建新：猎豹的出身是军队汽车修理厂。当时军队汽修厂和零部件制造厂有35家，它不是一般性修理，实质上是再造。那时，我们的分工是做汽

车变速器、分动器和传动轴，既做维修配件，也为全军提供汽车零部件。后来，总后勤部明确了"组织全军汽车修理工厂生产轻型越野汽车"，猎豹造越野车就是从那时开始。在发展初期，猎豹比较艰难，一方面是过去我们的经验积累还是不够，包括工艺装备、设计研发、零部件制造等方面水平有限。另一方面是，国家的工业基础和经济基础都比较差。从引进吉普车成立第一家合资企业，到后来大众桑塔纳的引进，确实对自主品牌的成长有推动作用，至少我们知道先进的汽车制造是什么样子。

何伟： 你们和三菱合作是什么时候？

李建新： 1995 年。那时，三菱汽车虽然不是全球越野车技术最好的，但性价比很高；另外，三菱也很想进入中国市场。除了引进三菱越野车技术，也引进了一些资金；当时，三菱投入的资金占比 20%。客观地说，三菱的技术对猎豹的发展起到了很大的助推作用，我们很快做到了全国轻型越野车的冠军，年产销达到了 3 万辆。此外，三菱在华投资了发动机厂，对我国汽车行业整体的支撑力度很大。

何伟： 后来，你们又经历了与广汽的重组，对此有什么样的体会？

李建新： 中国汽车产业有两个快速增长期，一是加入 WTO 之后，二是金融危机之后。第一个快速增长期，我们踩在了点儿上，那时候猎豹可谓是一车难求，生产线上一片红火。可第二个增长期，猎豹错过了，经历了与广汽的重组。当猎豹汽车回归时，发现中国 SUV 市场规模已经迅速壮大，长城这样的企业一款车型的销量就已经达到了几十万辆。回想起来，重组前的猎豹汽车是 SUV 市场的领跑者，如果没有错过这段黄金发展期，我相信现在的销量不会低于长城汽车。

当时，湖南省政府支持广汽与长丰重组，目的是要推动湖南省汽车工业的发展，支持广汽，支持广汽菲亚特，也支持猎豹。当我们与广汽重组后出现分歧时，湖南省也支持我们把猎豹品牌拿回来自主发展，并给了我们混合所有制改革的政策支持。

猎豹股份有限公司成立之初，股比结构是团队 15%、长丰集团 85%。A轮增资后，长丰集团股比变为 39%、团队 31%、其他机构投资 30%。接下来的 B 轮增资后，长丰集团的股份将退到 35%，不过仍然是最大股东；团队的股份将退到 22%，猎豹将引入更多社会资本。应该说，在混合所有制改革方面，我们是走得最早的。

何伟：猎豹汽车回归以后，能够这么快发展起来，机制起到了一定的作用？

李建新：的确如此。当时，猎豹进行混合所有制改革也是被逼出来的。重组之前，我们 1 年的利税是 12 亿元。重组之后，长丰集团的营业收入才是 12 亿元，我们还有 5 000 多名员工，必须给自己找条出路。

2012 年再造新猎豹时，我们提出了 1 个目标："两年打基础，三年见成效，五年大跨越，再造百亿长丰新猎豹"。现在看来，这个目标实现了，去年营业收入 112 亿元，利税 18 亿元，生产了 13.5 万辆新车。

何伟：湖南省政府如何看待猎豹汽车的发展？

李建新：与广汽的重组，对于湖南汽车工业的发展，确实有助推作用。但对于猎豹来说，确实有些不公平。我 1984 年当厂长，企业一直盈利，重组后是我们第一次亏损。那个时候，我们只剩下一大堆零部件企业，做沙发、空调、内饰、塑料件等。现在，湖南省给我们的评价是，长丰为湖南省的汽车工业发展做出了贡献和牺牲。所以，去年湖南省年产 100 万辆车的下线仪式，放在猎豹汽车长沙工厂。如今，湖南省实现年产百万辆汽车的规模，聚集了广汽菲克、广汽三菱、比亚迪、上汽大众、众泰、北汽株洲、北汽福田等企业。

"猎豹最突出的差距还是在市场拓展，也就是塑造品牌形象方面。"

何伟：猎豹回归后，面对的市场发生了哪些变化？猎豹如何重新找到自己的发展之路？企业的战略定位和发展思路是什么？

李建新：猎豹回归整车行业以后，我们感到市场变化太大了，很多企业跑到前面去了，规模也形成了，市场也被占领了。我们回归的时候，下了很大决心，也做了一些分析。

对猎豹不利的方面，是外部环境的变化导致行业竞争激烈，而自己的营销网络、供应商体系都需要重建。有利的方面也有：第一，市场对于SUV的需求仍然存在，且多元化多层次的趋势明显。之前，猎豹是靠轻型越野车以专制胜，现在，如果能够深耕某一细分市场，企业也一定能够生存发展。而且，汽车行业不像别的行业，赢者通吃；而有的行业中就那么几家垄断性企业。对于重回汽车业的猎豹来说，做精、做好、做专，才可能生存下来，发展起来。我们必须找准市场定位，集中所有资源，专注在上面，才有可能把事情做好。我们当时回到汽车业，不是不知道市场变化很大，但我们在SUV领域有一定基础，还有一定的市场影响力。现在，我们要让年轻人更多地了解猎豹，了解我们的产品特征和品牌形象。为了达到这个目标，我们重新建立研发体系，重构营销网络和供应商体系。凭借之前的基础，猎豹近几年实现了比较快的发展，但与先进的自主车企相比，猎豹还有差距。

何伟：目前，猎豹存在一些什么样的短板？说实话，现在你们是在跟高手过招，有没有感觉到比较吃力？

李建新：关于猎豹汽车的短板，我们内部也讨论过。和跑在前面的企业相比，猎豹在各方面都有差距，市场推广、营销拓展、成本管控、生产效率等。但是，比较起来，我们认为最突出的差距还是在市场拓展，也就是塑造品牌形象方面。我们讲品牌向上，首先是要让大众了解这个品牌。我们做过市场调查，问别人知道哪些中国SUV品牌，很多人都不知道猎豹。

现在，我们要让年轻人了解猎豹，知道它是一个老牌的SUV企业，是有历史根基的品牌。《中国汽车报》的数据监测，猎豹从来没有出现过。出现的都是一些比较活跃的汽车品牌，这些品牌的销量也都比较好。所以，从去年开始，我们加大了品牌的宣传力度，提高品牌的认知度，这是一项很重要的工作。

今年 5 月，猎豹汽车 Mattu 上市，我们采用了现场直播的方式，在线收看的人数达到 70 多万，各个论坛的发帖数也在短时间超过 1 万。我们要多总结经验，不断拓展营销思路。

何伟：我们注意到，猎豹汽车有 4 个生产基地，产能可以达到 50 万辆。但是，现在的销售与产能还有一定的差距。现在还有很多新造车企业，没有资质需要代工生产，有没有找到你的？如果有人找过来，你是什么态度呢？

李建新：如你所料，之前的确有几家新造车企业找过我。猎豹欢迎各种形式的合作，但前提是要谈得来。比如，猎豹代工能够迅速解决新造车企业的生产问题，可以让这些企业进入目录，从而上市销售。但对于新造车企业来说，车生产出来以后怎么卖、卖给谁？这些新造车企业都是生产电动车，但目前规模比较大的企业就那么两三家，主要消费市场也是在北、上、广、深等一线城市。我们可以代工，但生产线调整以后，车生产出来了，能卖得动吗？卖不动生产环节的投入怎么收回？其实，无论是对于新造车企业还是传统车企，产能都不是最重要的问题。只要车好卖，即使产能不足，也可以迅速扩建工厂。而产品竞争力和品牌影响力不足，对于企业来说才是道坎，因为当前汽车行业已经进入了品牌竞争时代。

何伟：猎豹汽车的第四次创业提出回归资本市场，这是怎么考虑的？

李建新：现在，我们正在启动 B 轮融资，释放出 8 亿股，公司股权结构会进一步优化，然后就要重回资本市场。但是，IPO 现在的要求很严格，上报的话一次通过不了，未来 3 年也难再重启。IPO 对于猎豹来说肯定是个方向，但我们也要两条腿走路，整合、重组的方式我们也在考虑。汽车是资金密集、人才密集型产业，要实现健康发展，除了自身的实力和积累，还要靠资金和人才做支撑。

现在，资本对新能源汽车的热度不减，很多企业估值还挺高。目前国际上的样板是特斯拉，特斯拉要是成功了，资本市场的热度还会延续。

"造车新势力有一些理念值得我们学习，但万事万物是有规律的，造车也要讲究基本规律。"

何伟： 你是怎么看待这股造车新势力的？

李建新： 造电动车已经不能算是新事物，传统企业不也搞新能源汽车吗？所谓的造车新势力无非是指过去不是造车的企业，现在跨界入场，其中大多数是靠互联网起家的企业。他们有一些理念值得我们学习，但万事万物是有规律的，造车也要讲究基本规律。其中，最重要的是要有科学的态度。比如现在做电池的企业中，我认为比亚迪和宁德时代都是持科学态度的企业。宁德时代做得时间不长，但成长很快，产品也做得不错。猎豹关注新能源车已经很久了，从 2002 年开始研究。2010 年，宁德时代的电池一出来，以我们的经验就感觉不错。这几年，他们的各项工作很认真，也得到了国际知名汽车企业的项目。比亚迪也在新能源领域耕耘了很多年，起步时虽然出现过一些状况，但他们坚持研发和技术投入，现在比亚迪的新能源车型也越来越有市场号召力。所以我说，搞汽车还是要按科学规律办事。

对于猎豹来说，我们是一家老牌企业，对造汽车的这种科学规律的认识是到位的。不是随便弄出一个玩意儿，有个样子就上市销售了。从 CS10、CS9 到 Mattu，猎豹的每款车型都有实质性的进步。

何伟： 对于造车规律，恐怕新造车企业中有些人认识得还不够充分，有些做法不够严谨。实际上，一些企业已经吃到苦头了。

李建新： 造车和软件开发不一样。软件可以自身快速迭代，快速升级，比如说系统出现 BUG，马上写写程序就可以去掉，问题就解决了。而汽车走向市场后，一旦出了问题，无论企业怎么处理，都会给用户带来麻烦。

何伟： 有一次，我和一位新造车企业的老板坐在一起，他说造车只要有钱就可以了。很简单，就把一些零部件组装起来就可以了，显然他把造车想得过于简单了。

"每家企业都有自己的优势，也一定会有劣势，关键的是把目标锁定住，然后坚守、执着、认真，就一定能有收获。"

何伟：我们注意到，现在有几家国企出现了一些困难，你认为他们失败的原因是什么？猎豹该如何避免出现这样的问题？

李建新：汽车行业是个充分竞争的行业，不分出身。不管你是跨国公司，还是自主品牌；也不管你是国有企业，还是民营企业，都必须遵循市场经济规则。市场经济中最重要的一条就是企业要追求效率，包括决策效率、运行效率。

如今，李书福这样的企业家带领民营企业强势崛起。这足以说明，只要体制机制好，就可以在市场竞争中胜出。

现在吉利很牛，我与李书福之前也有过交流。但反过来，我们要反思，国企领导如果选择李书福这条路，能走到今天吗？恐怕很难。从最早的照相、做冰箱和摩托车，到后来造车，再到收购沃尔沃等国际知名汽车企业，李书福敢于承担风险，吉利的体制机制能够让他很快作出决策，但这种做法恐怕在国企中很难实现。

何伟：你三四十年的国企老总经历浓缩成一句话：市场经济不会因为你是国企就宽容你。

李建新：之前，在汽车产业的竞争中，国企有一定优势，但主要是靠政策的支持。记得有一次，我们开订货会，把客户请到工厂订货，请他们吃饭。结果就有人告状，说我大吃大喝。我跟领导说，我不这么做的话不行啊，人家不会因为我是国有企业就订我的货。我还记得马伟民院士说过一句很有哲理的话，"我马伟民40多岁成为院士，让我一直保持这种干劲，保持这种事业心去干，没有问题，我也不计报酬，但要我这个团队都这么去干，恐怕做不到啊"。

在猎豹，我们讲五分事业心和觉悟，还有五分是薪酬激励。最近，我们企业也在做薪酬激励政策的改革，不能只是给员工加工资，还要给他们一个发展的平台。

何伟：看得出来，你很尊重市场，也很看重市场竞争规则，有什么特别想对汽车界或是客户说的吗？让他们知道猎豹汽车的发展愿景。

李建新：我们希望猎豹的每一款产品，不管发布会搞得多热闹，营销做得多花哨，最终还是能够经受住市场的检验，得到客户的认可。猎豹做汽车有坚定的信念，只要我们做精做专，就一定能够把事情做成做好。实际上，每家企业都有自己的优势，也一定会有劣势，关键的是把目标锁定住，然后坚守、执着、认真，就一定能有收获。我在猎豹讲"三劲"——狠劲、韧劲、实劲；也讲"三不"——不满足、不骄傲、不懈怠，不能自以为是，也不要妄自菲薄。

同时，猎豹要时刻关注用户，关注用户需求的变化。技术发展紧跟国家战略方向，过去政府对汽车行业的要求是"节能、安全、环保"，现在是"节能、新能源和智能网联"，要顺势而上，不能逆势而为。

【商业评论】

他像不倦的风

恕我寡闻，访谈之前，我不是很清楚面前这位长者在业内的"分量"：32 岁就当上造车厂的厂长，一干就是 30 多年，是在职的元老级车企老总；曾经红遍神州的 SUV 猎豹越野王，大量装备军旅，一车难求。

不错，他就是业内耳熟能详的李建新，重出江湖，继续他的造车梦。中国人造车不乏传奇人物，李建新是宠辱不惊的一位。

我们如约走进橘子洲畔的长丰总部，宽敞的一楼大堂兼做了厂史陈列馆。故事从国民党时期一直讲到改革开放的今天，一张张泛黄的老照片折射出企业的荣耀，也勾画出一波三折的曲折历程，发人深思，引人追问。我姑且归为三问。

一问当年红红火火的猎豹，为何在 2009 年突然遁迹江湖？大家知道，2009 年，是中国汽车具有标志意义之年，产销量超过美国跃居世界首位。也正是这一年，长丰猎豹与广汽资产重组，退出了整车制造领域。若论自主汽车品牌生长的剧目，具有代表意义的有三家，我归为"三长"现象：长安、长城、长丰。长安做到了自主一哥，长城做到了 SUV 一哥，而起步比长安早、车型比长城火的长丰，近十年却被远远甩出几条街。据说长城起步用的还是猎豹的底盘，跟在猎豹的后面学，如今已迈入百万辆了。其中的教训，不仅是长丰人的不幸，也是对国有企业主体缺位的报复。经历了与广汽的重组与分离，猎豹收获了什么，损失了什么，又悟出了什么？我在访谈中试图打破砂锅问到底，坦诚的李建新"嘿嘿"一笑，却道"天凉好个秋"。只是引用了一句官方结论：湖南省给我们的评价是，长丰为湖南省的汽车工业发展做出了贡献和牺牲。

二问重出江湖的猎豹，犹如老运动员重返激烈的赛道，还有机会吗？2012 年，经历风雪坎坷的长丰，揣着猎豹品牌所有权，又杀回了整车行业。但市场已经今非昔比。从一车难求到产能过剩，从资质赛到淘汰赛，中国汽车市场已经成为全球竞争最激烈的战场，老兵李建新固然有雄心壮志，还要有实力和机遇。其实谁都替老李捏把汗，当今的自主车企已进入百万辆级竞赛了。

李建新不愧是老将，用 5 年的埋头苦干便给了我们答案：建成了北京、长沙 2 个研发中心、3 个核心零部件和 4 个工厂的产业布局，并推出了系列新品。特别是在北京车展上闪亮登场，十足的王者归来风范。长丰预计今年实现整车产销 20 万辆，利税 25 亿元的目标。

行业长期的浸淫给了李建新领悟和自信：汽车行业不像别的行业，赢者通吃，或者只容得下最后的两三家。只要你研究、你分析，就能找到你的市场定位。只要是认认真真、扎扎实实做就有机会。因为 13 亿人的市场，随便哪个位置都有很大的基数。

三问猎豹的机制体制改革能成吗？猎豹源自高度计划的军工企业，现在是湖南省国资委下属的国有企业，如何解决机制不活、体制不顺的"国企病"，很大程度决定长丰重新创业的成败。在与广汽重组后出现分歧时，湖南省支持猎豹品牌拿回来自主发展，并给了一份丰厚的礼物：混合所有制改革的政策支持。

应该说，在混合所有制改革方面，长丰走得是最早的，也是被逼出来的。在经历 A 轮融资后，猎豹正运筹 B 轮增资，长丰集团的股份将退到 35%，不过仍然是最大股东；团队的股份将退到 22%，猎豹将引入更多社会资本，驶上资本市场的快车道。

对于重回汽车业的猎豹来说，做精、做好、做专，才可能生存下来，发展起来。汽车行业是个充分竞争的行业，不分出身。不管你是跨国公司，还是自主品牌；也不管你是国有企业，还是民营企业，都必须遵循市场经济规则。

李建新知道，业内并不都看好错过了黄金发展期的猎豹。可是他依然像过去那样拼命干，似乎要追回那段损失，似乎要证明未酬的壮志。给我印象深刻的是他不断向后生学习的姿态。原以为会听到他对造车新势力的不屑，结果他很欣赏互联网造车新势力没白天没黑夜的激情干劲。"我们老是想着万一失败了怎么办，他们想的是万一成功了怎么办。你看，这种敢闯敢干的精神就值得我们学习。"看得出来，李建新没有"倚老卖老"，反而有点不服老。

归来后的猎豹还能找到自己的辉煌吗？关于猎豹的追问还很多，答案只能交给市场。但放到改革开放 40 年的大背景看，放到艰苦卓绝的自主汽车品牌 30 年的历程中看，无论成败，李建新都值得尊敬。

他似乎忘了自己的年龄，我也浑然不觉，谁能看出呢？这位汽车"老兵"已经 65 岁了，依然像不倦的风，裹挟着梦想、情怀和斗志，誓为自主品牌向上争这口气。

20年，我们只对着一个城墙豁口发起冲锋

访谈主持：何伟

访谈嘉宾：法士特党委书记、董事长　严鉴铂

"法士特要坚持瞄准汽车传动系统核心零部件，发起一轮又一轮进攻。我们不会在市场形势好的时候得意忘形，更不会在市场不好的时候低头沮丧。"

何伟：在来法士特之前，就听说法士特今年产销两旺。有人说，主要原因是国内商用车市场需求提振，推动相关零部件企业营收提升。在我看来，如果零部件企业没有充足的准备，即使市场足够好也很难把握大好形势。今年，我们又迎来了中国品牌大发展之年，作为最具代表性的中国自主零部件企业，法士特不断接受社会各界的检阅。回看近些年，法士特是如何苦练内功的？

严鉴铂：法士特今年有望创造历史最好业绩。从1999年我们3 000多名职工年营收1亿元出头，到现在年营收稳定在100亿元以上，年销变速器八九十万台，齿轮总量5 000万只以上。一路走来，法士特从国内市场开始，沿着"一带一路"不断向新兴市场渗透。

法士特是一家汽车零部件供应商，要做专业的企业。这个定位在法士特

与法士特集团公司董事长严鉴铂对话

几代人手中传承，从未改变。最近，华为内部流传一句话，"华为从创立之初的几十号人能发展到现在的业务遍布全球，靠的就是始终瞄准城墙上的一个豁口，不断发起一轮又一轮的冲锋"。法士特虽然没有华为的规模，但和华为选择相同的路，就是要做专、做精、做强，如果有机会，我们还要做大。法士特坚持瞄准汽车传动系统的核心零部件，发起一轮又一轮的进攻。我们不会在市场形势好的时候得意忘形，更不会在市场不好的时候低头沮丧。

何伟：做专是法士特长久以来坚持的路线，传承是把这条路走好的一种方法，法士特传承的精髓是什么？

严鉴铂：这是我一直都在思考的问题。2015年7月，我接任董事长一职。2016年2月，党委换届，又接任党委书记。这一过程中，我决定要传承法士特文化年的做法，每年都要设定一个年度主题，到现在已经坚持了20多年。我们的团队把2016年和2017年定义为"两化推进年"，即信息化、智能化。

　　为什么是"两化"？今天的法士特在硬件设施方面是行业先进水平的代表，但我们也意识到，法士特在软实力方面需要更多的提升。2000 年到 2015 年这段时间，是法士特有史以来发展最快速的时期，尽管市场常有波动，但总体一直向好，法士特就这样被推着向前走，并且走得很迅猛，但管理水平等软实力出现了短板，解决这些问题的最好方法就是实施信息化、智能化战略。

　　信息化是现代制造业先进的管理工具。如果企业员工没有转变观念，没有高知识水平支撑，没有先进技能，就没有办法掌握现代化管理工具。实施信息化就是带动员工工作理念的转变，推动员工职业素养的提升，保证各项规划落地实施。

　　智能化的推进需要载体，这个载体就是新能源汽车产业和《中国制造 2025》。因此，法士特一鼓作气拿下了工信部首批制造业单项冠军示范企业、首批绿色工厂示范企业和智能制造示范基地的称号。我们通过这种方式在提升法士特软实力的同时，保证法士特质量体系、物流体系向国际一流水平看齐。只有硬件设备行业领先、研发创新不断突破、人员素质不断提升、制造和物流管理高效的企业才是真正优秀的中国制造企业。

　　何伟：法士特"两化"实施已小有收成，离最终目标还有多远？

　　严鉴铂：这是一场攻坚战，要打得集中，更要打得耐心，再持续两年也未必能打完。即使打完，打胜了，我们也不会刀枪入库、马放南山。我的前任李大开董事长经常用二八法则来激励我们，法士特用 20% 的努力解决了 80% 的问题，剩下 20% 的问题，则需要我们付出 80% 的努力。如果不解决这剩下 20% 的问题，我们离"两化"的最终目标只会越来越远。

　　"根据'5221'战略，我们将把传统市场业务下调至 50%。这仍然是一个较高的比例，这背后是对法士特产品和技术的自信；而一定的下调空间也是为了规避过高的风险，同时要把新的业务发展壮大。"

　　何伟：法士特重型卡车变速器在国内占有相当高的市场比例，近乎一家独大。同时，这块业务在法士特整体营收中也占有相当大的份额，这种格局对企业未来发展来说是不是存在较大的风险？

严鉴铂：法士特传统变速器业务占总营收的80%～90%，其中重卡变速器占70%左右，一旦商用车市场发生波动，会给企业带来风险。因此，结合"两化"主题年，我们修改了"十三五"发展规划，提出了"5221"战略，用最简单的数字将"十三五"的目标展现给每位员工，即到2020年，法士特在传统市场的销售收入占50%、智能化与新能源汽车产品市场占20%、国际市场占20%、资本市场和新业态收入占10%。

把传统市场业务下调至50%，仍然是一个较高的比例，这是对法士特产品和技术的自信，而一定的下调空间也是为了规避过高的风险，同时要把新的业务发展壮大。

发展新能源汽车产业不仅是国家战略，也是全球趋势，未来十年，必定是新能源汽车技术走向成熟、规模不断扩大的高速发展期。十年看似漫长，但转眼即逝。法士特作为一家老牌的汽车零部件企业，必然要抓住新能源汽车产业的发展机遇。因此，法士特将新能源汽车产品的储备和研发视为与传统产品同等重要，打好新能源汽车市场的攻坚战，力争"十三五"末新能源汽车产品收入占比提升至20%。

何伟：法士特国际业务占比一直较低，这是什么原因？

严鉴铂：提起国际化业务，我们比较惭愧。现在，法士特出口市场业务占比不高，一直较低的直接原因是国内市场供不应求，致使法士特没能把国内与国际业务、短期目标与长期规划进行很好的协调、在国际市场没有投入更多精力。

可喜的是，现在，法士特国际化发展的步子已经迈开。在国家"一带一路"战略指引下，法士特泰国独资工厂已经顺利投产，成为沃尔沃泰国市场的唯一供应商，并可以辐射东南亚市场。通过磨合，沃尔沃提出产能提升的要求，明年，法士特泰国工厂生产的变速器销量可增加至近万台。与沃尔沃合作，是法士特走向国际市场的新窗口，我们质量意识增强了，改变了市场观念，创新了商务运作模式。在俄罗斯、东欧以及北美市场，法士特变速器出口量也在持续提升，现在到了大发展的最好时期。

我们既要走出去，还要请进来。现在，法士特与卡特彼勒、伊顿都建有法士特控股的合资工厂。法士特与卡特彼勒合资建立的西安双特公司，主要生产 AT 液力自动变速器，凭借技术优势和成本优势在码头牵引车、矿山用车、专用车和公交车等市场崭露头角，打破了跨国公司在这个领域独占鳌头的格局。与伊顿合作，主要生产具有领先技术的商用车用离合器。目前市场迅速扩大，预计未来 1～2 年可实现年产 20 万套左右。

何伟：法士特对于资本市场和新业态有什么规划？

严鉴铂：资本的运作并不是法士特的强项，甚至是一块短板。2009 年国际金融危机时期，国际市场有很多零部件企业在变卖资产，我们也想寻找机会，但鉴于在资本市场经验和海外资产管理能力不足，最终也没有选择这条路。

今天，法士特敢于提出资本市场和新兴业务营收提升至 10%，深层原因有三。其一，法士特资本优势明显，资产负债率不足 30%，更容易获得资本支持，探索新业务。其二，法士特坚持围绕主业开拓新业务，参与为主，这不是跨界。其三，网络已经像水、电一样，成为生活必需品，通过互联网技术可以把多业务板块连接起来，为实体经济的发展锦上添花。

目前，法士特重卡变速器保有量已经超过 650 万台，预计到今年 10 月可突破 700 万台。如此规模下，传统销售理念、营销模式就显得非常落后，所以，我们必须借助互联网开发新的销售工具，迎接新业态、新模式。

何伟：法士特与跨国公司在中国成立了几家合资公司？与外方合作有秘诀吗？

严鉴铂：与外资合作，首先要相互尊重，以诚为先，利益共享，让双方股东满意。其次，自身要强大；本着平等协商、开放包容的原则，加强沟通交流。最后，双方的高管要具有国际化的视野、国际化的知识积累和国际化的市场意识。

"如果我们每个人都把国有企业当作民营企业来干，一定能干好，干得出色。因为你操的心不一样，付出的不一样。企业发展到一定阶段，要善于总结，学习和总结是一家企业的终身伴侣。"

何伟：今年初，法士特开展了"三敢三大，向五不宣战"的活动，这对于一家老国企来说，尺度很大，难度很大。为什么要这样做？

严鉴铂："三敢"就是工作中要有敢捅马蜂窝的精神、敢揭盖子的勇气、敢亮家丑的胸怀。"三大"即履职尽责大整顿、务实高效大普查、不留死角大提升。"向五不宣战"即要向"不知道、不归我管、这事没找过我、我不懂、这也不行那也不行"的五种行为宣战。这个活动目的非常明确，就是效能革命，提高员工工作积极性，向全员工作作风方面存在的问题亮剑，提高企业运行效率，把具体工作落到实处。

我时常跟团队说："我是你们监督的对象，你们要监督我、提醒我。"在法士特，动真格的事要从干部做起，得利益的事要从职工做起。在我任职阶段，要把企业发展的基础打得更坚实一些。

何伟：从企业经营、管理机制来看，法士特具备一些民营企业的特点，用人、奖惩更为灵活，这方面法士特有何经验之谈？

严鉴铂：国有企业是什么？是国民经济的支柱，是实体经济的重要组成单元，对社会稳定、经济发展要有足够的担当。作为国有企业，法士特按现代企业制度建立起了符合市场机制的法人治理结构，积极按照市场化的特性完善推进用工制度、用人制度、分配制度和激励机制等，从而实现快速发展，服务市场。我们提出了24个字的工作指导方针，即"战略引领、创新驱动、拼抢市场、流程保障、管控落地、实现超越"，这对企业经营、管理很有指导意义。

我经常说，如果我们每个人都把国有企业当作民营企业来干，一定能干好，干得出色。因为你操的心不一样，付出的不一样。企业发展到一定阶段，要善于总结，学习和总结是企业的终身伴侣。

现在，法士特产品覆盖重卡、客车、专用车、特种车，尤其是八大系列新产品在各个领域已经通过了市场的充分验证；现在的法士特具备制造精品、制造高端产品的硬件，工艺装备实现了高端化、智能化、节能化的要求；现在的法士特包容、创新、坚毅、永不言败，尊重知识、重视创新蔚然成风。

"不同时期、不同发展阶段的整零关系都具有不同的特色，但都有一条不能碰触的红线，即要尊重市场规律，不保护落后，不崇洋媚外。"

何伟： 时至今日，整零关系仍然要谈，并且还要谈得深入、谈得细致。法士特作为市场上独立的传动系统一级供应商，同时作为潍柴集团的控股企业，是如何理解整零关系的？

严鉴铂： 不同时期、不同发展阶段的整零关系都具有不同的特色，但都有一条不能碰触的红线，即要尊重市场规律，不保护落后，不崇洋媚外。

整车的先进性体现在核心零部件上，整车企业应支持核心零部件企业的研发，为零部件企业发展创造条件。即使整车企业不参与零部件的原始研发，也要积极提供为整车平台配套试验的机会，促进零部件企业创新，赶超先进技术，真正做到你中有我，我中有你。

作为传动系统核心零部件供应商，法士特对待任何一家客户都一视同仁，哪怕这家企业只订购1台变速器，它所获得的服务和订购1万台变速器是一样的。在我们看来，要想赢得客户的尊重，就应先对客户尊重。在互相尊重的基础上，平等对话。

现在，汽车零部件产业出现"纵向整合""横向整合"两种思潮，但是，不论哪一种思路，都应该站在对国家汽车产业发展有贡献、对消费者利益有保护的角度，着力为用户创造更大价值。我更希望汽车零部件产业能成立一些纵向的、上下游紧密合作的产业联盟，实现技术、资产等资源方面的互动。不过，这种纵向联盟一定要是市场化的。

现在，潍柴全力支持法士特面向各个市场健康发展。全力推进潍柴、法士特动力总成是当下非常重要的工作。靠规模产生效益的时代已经过去了，现在的法士特正积极进行产业结构调整，产品品质再提升。在传动系统做专、做精、做强基础上，有机会再做大。

何伟：转型是当今中国企业家的主题，法士特有哪些考虑？

严鉴铂：未来，法士特将继续向着实现四个转变发展：一是从技改型向研发型转变，二是从制造型向服务型转变，三是从单一零部件制造商向系统集成零部件供应商转变，四是从区域型向国际化大公司迈进，开创法士特国际化、多元化、科学化、高端化发展新局面。

法士特是一家开放的包容的企业，我们听得进建议，更敢于直面批评。法士特就是一个大家庭，我希望每位员工都能在这里安家立业、祥和生活，把企业当成家，把企业的事当成自己的事去干，对自己负责。许许多多个体的强大，形成了企业的强大；许许多多企业的强大，就是国家国民经济的强大。

法士特还在长跑的路上，我们团队的任务是把这一棒接好跑快，不在交接棒的过程中浪费时间。或许，我们会忘却奔跑的过程，但我们一定会铭记终点撞线的那一时刻。只有干出的精彩，没有等来的辉煌。

【商业评论】

没有危机，何来创新？

严鉴铂给我的突出印象是执着，执着，还是执着。脸上的皱纹沟，刻满了西北人的质朴和坚毅。从基层技术员做起，在法士特的各类岗位上转圈圈，一直干到老总，从没有离开过法士特，真够执着的。

法士特能够从小伙计做到行业老大，秘籍同样是执着。他说，20 年来，我们只对着城墙上的一个豁口开火，发起一轮轮冲锋。手头宽裕时，面对各种跨界多元的诱惑，法士特没有跃跃欲试，始终聚焦核心零部件，发起了一轮轮冲锋，终于登上单项冠军的宝座。这种战略定力令人震撼。

面对企业存在的问题，他的理解充满哲理：没有危机，哪来创新；没有创新，哪来辉煌。

担任一把手后，他的紧迫感更强了。我俩同属虎，临别前的一句话让我难忘："企业竞争是马拉松接力赛，虽然留给我的时间不多了，但是我要接好这一棒，跑好这一棒。"

古城西安多豪杰，今日又识严鉴铂。

佛吉亚集团首席执行官柯瑞达

我们愿把所有的新技术放到中国去

访谈主持：何伟

访谈嘉宾：佛吉亚集团首席执行官　柯瑞达

　　巴黎车展历来是整车厂群雄逐鹿的舞台，零部件企业寥若晨星。以引领汽车零部件科技发展自诩的佛吉亚（faurecia），却成为2017年展的一个亮点。或许是凭借东道主的地利，乳白色调的展台占据着最大的1号展馆的显要位置，毗邻而坐的竟是明星车企特斯拉。佛吉亚诚意满满，不仅搭建了高颜值的展台，更展出了具备互联性、适应性与预测性的一众"黑科技"产品，志在颠覆驾驶体验。记者了解到，佛吉亚这次亮出的招牌是"坐享互联驾舱"和"创赢绿动未来"。

　　佛吉亚新晋总裁柯瑞达（Patrick Koller），在展台产品前，向驻足体验的客户演示其奥妙。这位仪表儒雅却目光犀利的掌门人，曾多次到访中国，怀有浓郁的中国情结。在展台背后的接待室里，忙里抽身的柯瑞达，接受了我的专访。

"中国市场仍是全球发展最快的市场"

　　何伟：中国汽车市场的增速正在放缓，但是佛吉亚在中国的投资却不减，甚至在持续加码，佛吉亚对中国未来市场的预期和判断如何？

柯瑞达：确实，中国汽车市场已经不再是两位数的高增速了，但是迄今为止，中国汽车市场仍然是世界上增长最快的。佛吉亚在 2015 年的销售额是 26 亿欧元，到 2020 年，我们的目标是 50 亿欧元，也就是说，中国业务要翻一倍，我们的销售目标并不仅仅是个目标，而是经过计算分析出来的结果。相比于 2015 年，佛吉亚 2016 年的全球销售额增长了 4%，而中国贡献了全球销售额的 13%～14%；到 2018 年，这个数字会达到 20%，2020 年会达到 30%。

从公司战略层面来说，佛吉亚应与中国整车厂更加紧密合作，一起成长，这是佛吉亚的一贯战略。我相信，中国汽车市场的发展将会遵循其他成熟汽车市场的发展规律，当市场日趋成熟导致增长放缓时，行业内的合并与整合可能会加速，我们会在中国看到一些产业巨头的诞生。对于我们来说，最好能在初始阶段成为他们的合作伙伴，这样便能从整车厂进行全球布局的时候就受益。

"我们对中国的投资不设限"

何伟：中国汽车市场的集中度在变高，另一方面，乐视等很多科技类公司正在加入，对于这一类的整车厂，佛吉亚的合作策略是什么？

柯瑞达：我们希望成为整车厂的重要合作伙伴及关键供应商，虽然我们已经做到了这一点，但是，我们仍希望有进一步的发展。要成为整车厂的关键全球供应商，必须要达到一定的条件。其一，必须在某个关键领域成为行业的领头羊。想要成为所在细分行业的领导者，必须比其他公司投入更多的研发及创新费用，拥有使公司成为行业领导者的关键技术，并且确保这些关键技术能保证在未来数年里使佛吉亚持续成为有关细分行业的领头羊。基于此，我们对中国的投资不设限。其二，还必须全球化，并不仅仅是全球化制造，还包括全球化创新，确保在世界上任何一个地方都可以为客户提供支持。

针对你刚才所说的新涉猎汽车行业的企业，像苹果、谷歌及中国的科技公司，他们并不是我们的威胁，而是我们的新客户，因为我们确信，要制造汽车，他们必然需要我们的技术和产品。

何伟： 在中国汽车行业，人才的争夺愈发激烈。人才是决定研发和生产水平的一个决定性因素。佛吉亚对中国的人才策略是怎样的，包括用人理念和培养人才的战略？

柯瑞达： 佛吉亚美国公司的员工都是美国人，在德国是德国人，在日本是日本人。像其他国家一样，在中国，我们的生产和研发人员主要是中国员工。佛吉亚在中国拥有 1.3 万名员工，其中仅有 20 名外国专家。佛吉亚的中国员工离职率不到 5%，低于行业平均水平。

除了给员工有吸引力的物质条件之外，还需要给予他们在企业内个人发展的机会。我们是一家国际化的公司，同时也欢迎中国员工申请海外的职位，让员工自由发展，不设任何限制。

针对员工的个人发展，佛吉亚投资巨大。公司有一个佛吉亚大学，大学有三个校区，分别是巴黎、底特律和上海校区。上海的佛吉亚大学并不仅仅针对中国的，是针对佛吉亚整个亚洲区业务需求的。佛吉亚公司的发展从创始之初便倚重人才，这也是我们公司的文化。

"我们愿把所有的新技术放到中国去"

何伟： 智能网联现在是汽车行业百年巨变的一个重要方面，佛吉亚在这方面有没有相对突出的业务板块？佛吉亚未来是否也有计划收购一些电子元件的企业，加快发展智能网联技术？

柯瑞达： 首先，智能互联科技实际上是我们非常基础的一块业务，也是我们的战略核心。所有的车载设备，像娱乐系统、人机交互接口等，都是具有网联性和交互性的。

提到网联，您的第一反应可能会是电子元件，但实际上，电子元件变得越来越不重要，最关键的其实是要将这些电子元件整合到智能表面，比如说设备的屏幕。完全整合这些设备的特性并得到正确反馈才是关键。我们更加迫切需要的是这类技术。佛吉亚今年底就会接近达到一个无债务的状态，这意味着我们有机会进行收购，我们想为集团增加一些新的技术，并且已经准备好抓住合适机会了。

何伟：软件在互联性中扮演着重要作用，设备互联的集成化涉及很多数据采集模块，信息安全和数据安全变得非常重要。目前，整车厂在信息安全市场上常是被黑的对象，佛吉亚是怎么样去考虑信息安全问题的，有哪些举措？

柯瑞达：安全从两方面考量。一个是网络安全，因为我们有很多设备是连接互联网的，所以必须关注网络安全。在这方面我们投资巨大，设计新的系统、尽最大的努力确保网络安全。另外一个需要考虑的问题是，谁拥有这些数据，数据的使用权限是怎样的。佛吉亚其实是边做边学的。不仅是佛吉亚，整个汽车行业都在寻求一个合适的解决方案。这不是一家公司所能实现的，需要整个行业一起努力。

我们决定在中国设一个副总裁级别的中国首席技术官职位，这是为了确保集团研发的所有技术都能在中国保持同步，并提供给中国的客户。我们愿把所有的新技术放到中国去。

北汽福田总经理巩月琼

领先是因为我们一直保持着危机感

访谈主持：何伟

访谈嘉宾：北汽福田汽车股份有限公司总经理　巩月琼

编前：《中国汽车报》"中国品牌巡礼"系列活动采访团走进福田汽车之际，正值党的十九大胜利召开之时。

这是一个非常重要的时间节点。正如十九大报告所指出的，国内外形势正在发生深刻复杂变化，我国发展处于重要战略机遇期，前景十分光明，挑战也十分严峻。对于迎来了新掌舵者的福田汽车来说，无疑也是承上启下的关键时刻。

此时此刻，外界对福田汽车有诸多疑问与猜测：在新掌舵者的带领下，现有业务会如何继续？未来又将走向何方？新的领导集体是怎样的管理风格？此次的走访过程中，北汽福田汽车股份有限公司新任总经理巩月琼与中国汽车报社社长何伟进行了一次开诚布公、深入浅出的对话。从这场对话中，我们看到了福田汽车对过去的总结、对未来的规划，也对巩月琼这位年轻的企业高管有了全新认识。

> "造车新势力确实对产业冲击比较大。现在占主导地位的传统汽车制造商面临着一个危机，即未来是否会变成代工厂？"

何伟：福田汽车是业内公认的最具互联网思维的商用车企业，你们对汽

与福田汽车总经理巩月琼对话

车行业现在的新能源与智能化发展趋势是怎么看的？

巩月琼：全球汽车产业发展130多年，但过去130年的变化远远没有最近两三年的变化大。未来5年到10年，汽车行业有被颠覆的趋势，不仅是产业结构的变化，甚至原来占主导地位的厂商会退出，新的势力会生长。像手机行业一样，谁也没想到短短几年，几大老牌手机制造商都不见了。

从整个汽车行业来看，不管商用车还是乘用车，都在等一个能效比的转折点，即什么时候用电的成本跟燃油车一样。未来几年新能源汽车产业潜力仍会持续爆发，电池成本会不断下降。我认为，2022年纯电动汽车市场基本可以运转起来，最晚在2030年左右会到达能效比的转折点。

新能源与智能化是紧密相连的，在这种趋势下，汽车的定义在发生变化。车原本是交通工具，但随着智能化及无人驾驶的发展，驾乘人员的手、脚、大脑被解放，车就变为娱乐工具、商务工具，乃至一个客厅。这个变化又带来产业的另一个重大变化——汽车产业边界的改变。原来车辆制造是集成大工业的代表，它的系统化管理、体系性比较强，从供应链到整车厂、4S店、客户端，是一套相对系统化、封闭性的体系，外行要想进入汽车产业比较难。但随着智能化的发展，车辆定义已经变成了硬件加软件，也就是硬件加人工智能。传统的汽车厂商是做硬件的，主要依靠的是热力学和材料学组成的研发团队，到了人工智能和电动化时期，汽车厂商需要具有电气化和人工智能及数据化能力，这对于传统厂商来说比较难。汽车产业的边界由原来的整车制造企业拓展到了互联网企业、软件企业等。

原来买车，大家主要看工艺，现在很多人先看车载屏幕有多大。将来客户选车的时候，可能首先看的就是车辆的人工智能做得怎么样。现在有很多新的资本进入到汽车行业，既有互联网企业，也有零部件企业。在车辆的人工智能方面，互联网和零部件企业在感知层与执行层的能力是超过整车企业的。原来整车设计、整车匹配、整车组装是决定性的，零部件是从属的，但在未来的人工智能车辆上，零部件是主导。比如感知层的车载雷达，它加装在车辆什么部位并没有太大差别，雷达本身的感知能力是决定性的。感知之后再要求执行层去执行，这个层面就与车辆的油门、制动、转向相关。相对来讲，零部件制造商在人工智能方面力量更强，他们会从零部件制造拓展到车体、车身。

造车新势力确实对产业冲击比较大。现在占主导地位的传统汽车制造商面临着一个危机，即未来是否会变成代工厂？所以说，原来是整车企业主导一切，现在整车企业都在努力往上游拓展。从福田汽车本身来说，我们一直保持着危机感。

"车企一定要把握新能源、智能化最核心的东西。汽车产业将来会被重构，对车企来说确实是生死存亡的问题，福田正在小步快跑，希望能保持我们的领先地位。"

何伟：福田对汽车产业发展趋势有前瞻性的理解。那么应对产业变化，福田目前取得了哪些成绩？未来打算怎么做？

巩月琼：能不能跟得上产业变化，是决定企业生存的核心。福田很早就意识到了产业变化趋势，但是在应对方面，确实有很多功课要做。

首先，相对来说，在智能化和新能源化方面，福田做得比较早，也比较好。比如说，福田是业内第一家完成纯电动大型客车商业化销售与运营的企业。目前，福田在中高端新能源客车市场上做得比较好，对新能源物流车的拓展也比较理想。我们的定位非常明确，要为物流客户提供综合解决方案，包括智能化和新能源化的解决方案，这里不限于纯电动，也可能包括太阳能等技术。福田在智能化方面也做了非常多的探索，比如说，在一些港口、矿区等特定环境下，福田无人驾驶汽车正在试运行。未来三年，我们也会在无人驾驶物流车领域进行试验。福田在新技术研发方面投入的人力、资源、费用非常高，目前，我们在传统车辆的硬件架构上的投入占比为70%，在人工智能、互联网、新能源汽车方面是30%。未来，我们还会逐步加大对新技术的投入，最终这个比例会反过来。

第二，福田在探索新的商业模式。未来，汽车产业发展面对的一个问题是，怎样采用边界的东西？因为凭一类企业之力已经不能满足客户需求。互联网企业也不能仅靠自己满足包括客户对车辆本身的要求、对新能源的要求，甚至对车生活的要求，这就需要整个产业链共同努力。因此，下一步，福田还会坚持链合创新，建立黄金价值链，只不过是它的内涵有变化，原来是汽车产业链上的企业参与，下一步将变成多个产业群的参与，即由原来的汽车厂商扩展到互联网、人工智能等企业。福田正在探索一个开放的商业模式，可能包括多个合作方。比如现在我们与百度等互联网科技公司在合作。未来，福田将与科技类企业深度合作，探索开发面向车主方的服务，比如共享出行等。我们将以开放式的联盟应对未来整个产业的变化。

总体来说，未来汽车企业将围绕智能化、新能源化、互联网化这几方面重构自己的产业链、管理体系等。这个重构不仅对福田，对传统汽车企业来说都是非常大的挑战。比如，如果传统汽车企业现在开始建立自己的人工智能团队，要多少年、多长时间才能赶上互联网企业？如果不建设，未来又很可能沦为一家代工厂。怎么办？我认为，车企一定要把握新能源、智能化最核心的东西。汽车产业将来会被重构，对车企来说确实是生死存亡的问题。福田正在小步快跑，希望能尽量保持我们的领先地位。

> **"福田高端产品的性能基本达到了世界主流汽车的水平，具备了向欧盟、北美、日韩市场进军的条件，预计在 2025 年形成一定的竞争力。"**

何伟：十九大报告中提出，要贯彻新发展理念，转变发展方式，让发展质量和效益不断提升。福田在转型升级方面具体是怎么做的？

巩月琼：我国各行业过去发展速度很快，更多的是基于全球经济特别是中国经济的高速增长。福田也位于这些发展速度较快并不断在提升自己能力的企业行列当中。按照十九大报告的要求来看，目前我国虽然不乏规模大的企业，但从实力上来看可能与国家的期望还有差距。企业实力不仅看产品销量，也要看产品质量。下一步怎么完成由量向质的深层次、根本性的转变，对于我国汽车产业来说确实有一定的挑战。

福田汽车在"十二五"初期便拉开了全面转型的帷幕，坚持延伸五大转型：商用车产品由低端向高端转型、由只做商用转向兼做乘用类、由只注重国内市场转向国内外并重、企业由制造型向服务型转变、开拓黄金价值链。在"十二五"期间，中高端商用车销量占比由"十二五"初的不足 20% 提升至目前的 78%，低端产品正在快速退出市场，供给侧结构性改革取得显著成果。"十三五"期间，福田汽车会推进七大转型，在原来五大转型基础上增加向新能源汽车转型和向工业 4.0 转型两大转型。

具体来说，首先，我们的技术含量和产品定位在不断深化。过去几年，福田依托中国经济快速成长，产品不仅能适应国内市场，在海外市场也取得一定成绩。过去，在中国商用车领域，福田连续 13 年销量第一。下一步，我们要成为全球化的汽车制造商，进入欧美等高端市场，这也是对我们产品质量及技术的最好验证。未来，我们要持续加大科技研发投入，加强新技术力量的培养。

其次，在质量与服务上不断提升。从海外市场拓展经验来看，打造中国品牌是一个任重道远的过程。在中国的商用车企业群体中，福田商用车连续六年出口量位居第一，在出口方面积累了一些经验。比如，2014年国际经济增速下滑，我国商品出口出现了波折，当时整个商品出口总量下滑30%，在这个背景下福田逆势增长10%。我们体会到，凡是只关注出口数量的企业消退得都很快，但像福田这样在做产品、做市场、树品牌的企业，反倒逆势增长。福田在过去成功的基础上，将继续提升质量与服务。

未来，福田在研发等整个产业链条上会有深层次的提升，产品结构的升级将有效提高产品的技术、质量、价格和附加值。目前，福田高端产品的性能基本达到了世界主流汽车的水平，具备了向欧盟、北美、日韩市场进军的条件，预计在2025年形成一定的竞争力，这是实现"世界级主流汽车企业"最为坚实的保障。未来，福田汽车将在新发展理念的指引下，继续深入推进七大战略转型，进一步增添动力。

"现在，福田研发费用每年都超过40亿元，占到销售额的5%以上。过去这些年，福田在研发上的持续性投入将在未来两三年展现出它的增值能力。"

何伟：从数量型向效益型转变，一方面要看品质是否提升，这方面福田已经取得了不错的成绩；另一方面是看盈利能力。数据显示，福田一年的销售额大约在600亿元，但利润不是很高。下一步在提升盈利能力方面会有哪些举措？

巩月琼：福田企业规模较大，盈利能力相对来说还有很大的提升空间。以往利润不高有两个方面的原因：

首先，与我国商用车市场特点有关。我国商用车市场的特点是：规模全球最大，客户的诉求点是便宜，以中国自主品牌为主导，企业之间的竞争比较激烈。

欧美国家商用车客户买车的时候，往往追求全生命周期成本最低，即购置成本、使用成本、维护成本、二次处置成本等全部成本。全生命周期成本最低，对技术的要求非常高。而过去我国商用车客户基本上只考虑购置成本，对于技术的关注度并不高。一辆油耗低、可靠性高但售价也高的商用车，很可能不如价格低而后续油耗高、可靠性比较差的车市场反应好。

所以，在大的市场背景下，在原来我国客户的这种关注点下，我国商用车确实在技术含量上与国际水平有差距，整车制造商营销压力也比较大，利润比较薄。现在，我国客户需求升级速度非常快，很多物流车队客户对全生命周期成本有较高的要求，相应地，对商用车的技术含量要求也就提高了，对车辆购置成本的接受度也提高了。下一步，随着我国商用车市场需求的升级，企业发展水平也会不断提高，企业利润会随着产业的发展向上提升。

其次，是企业自身的原因。福田一直注重科技投入，在前几年的战略转型过程中，投入的资源比较多，智能工厂的升级、乘用车的开发、商用车的升级都投入了大量的资本。现在，福田研发费用每年都超过40亿元，占到销售额的5%以上，这个投入量不仅在商用车行业里是最高的，在整个汽车行业里都是比较领先的。过去，福田在研发上的持续性投入将在未来两三年里展现出它的增值能力。现在，我们的重卡在中高端市场占比为64%，已经开始显现出我们技术含量高的价值了。目前，福田的新产品刚进入市场转化阶段，新产品成本还比较高，但随着产品大量投放、成本大幅降低，企业的盈利能力会逐步提升。

转型升级与盈利能力是相辅相成、环环相扣的。福田一定会持续转型升级，这个升级一方面是我们满足客户需求的升级，也是对技术含量的升级，对产品品质的升级，这些升级本身就会带来一些技术类的附加值。另一方面，随着产品升级，客户群体会越来越高端化，客户黏性也会不断提高，品牌溢价能力就会更高，从而带动整个企业效益的提升。

"我们开创了中国汽车企业合资新模式。这是因为我们的商用车本身有较好的基础、较强的能力，有自己的技术与品牌，这是我们能够与外方谈判的底气。"

何伟：福田汽车成长的过程，其实也是合资的过程。对外合资，最早是戴姆勒，后来是康明斯，现在又是采埃孚。福田是怎样与合作伙伴既互利共赢、又坚持自主权的？

巩月琼：2012 年，福田汽车与戴姆勒携手，合资成立北京福田戴姆勒汽车有限公司，合资股比是 50：50。我们实际上开创了中国汽车企业合资新模式。此前，国内汽车行业的合资公司，先期都是以引入国外企业的产品为主，后期是以打造合资公司的新品牌，或合资双方的双品牌模式为主，而福田与戴姆勒的合资公司是以福田自己的品牌——欧曼单品牌运作的，生产福田欧曼牌中重卡产品以及戴姆勒的重卡发动机。这是因为我们的商用车本身有较好的基础、较强的能力，有自己的技术与品牌，这是我们能够与外方谈判的底气。

合资企业生产的欧曼牌产品，可以通过戴姆勒的销售体系进行海外销售，同时，国产的戴姆勒重卡发动机会装配到欧曼重卡上，提升欧曼重卡在中国及其他新兴市场的竞争力，实现合资双方在国内、国外两个市场的互补和利益分享。这种模式打破了改革开放 30 多年来跨国汽车公司在中国仅设立组装工厂的旧有模式，开创了中外合作双方以中国为运营中心，发挥各自优势，共同打造中国汽车企业自主品牌的先河。这种模式不仅在中国汽车史上史无前例，可以说是中国汽车合资史上的经典案例。

康明斯是福田汽车全球重要的合作伙伴。2007 年，北京福田康明斯发动机有限公司成立，主要生产轻型、重型智能高效、节能环保发动机，包括 ISF 轻、中型产品以及目前最新的 X12 平台产品。双方合作 10 年来，累计产销轻型、重型发动机近 100 万台，满足了市场及用户对高端发动机产品的需求，对社会节能减排、引领物流行业优化升级起到了积极的促进作用。

　　采埃孚一直是福田汽车变速器核心供应商。随着福田汽车的迅速发展，产品向中高端升级，对于产品性能方面的要求不断提高，福田汽车与采埃孚进行了更为紧密深度的战略合作，打破了以往传统的批量采购模式，成立了合资公司。成立该公司的目的是从福田汽车动力系统定制化入手，针对变速器研发设计、制造生产等环节与福田整车进行适应性、一体化的匹配，从而保障福田商用车能够在节能环保、可靠性等方面获得突破性升级，在降低用户使用成本的同时，实现产品品质的大幅度跃升。

　　福田汽车与戴姆勒、康明斯和采埃孚的合资合作，实现了资源整合，优化了资源配置，通过在研发、采购、销售等方面的深度资源共享和利用，产生了最大的协同效应，进一步扩大了双方产品的竞争力和市场占有率，实现了共赢发展，这将进一步推动福田汽车的结构调整和产品升级，助力于福田汽车 2025 战略目标的实现。

博世集团董事会成员 Dirk Hoheisel 博士

百年博世何以续芳华?

访谈主持: 何伟

访谈嘉宾: 博世集团董事会成员　Dirk Hoheisel 博士

"博世不会放弃看家本领和传统优势,与此同时,会加大对新兴市场和领域的战略投资。"

何伟: 在 2018 国际消费电子展(CES)上,博世集团重点传达了未来智慧互联城市的理念,带来了城市交通、互联世界、智能家居及建筑等领域一系列创新解决方案,其特征是各业务板块、各领域之间的智慧互联。我认为,这是博世作为传统制造企业在转型升级方面的战略思考。那么,对于博世未来的发展,你们究竟是如何考量的?

Dirk Hoheisel: 这个问题非常好,点中了要害。博世转型升级的关键就在于互联二字。如你所说,在传统意义上,博世是一家制造型公司,每年生产数以亿计的零部件。百余年来,我们坚持把最高质量的产品交付到客户手中。现在,博世正在积极地把互联变成一种优势,将不同的产品通过创新技术实现互联,为客户提高产品附加值,为用户提高产品使用价值。

今日,可以把"互联"看作是一种创新型的科技。正是这种科技,能够使我们在原有的基础上更上一层楼。和竞争对手相比，博世拥有一个独特的优势，那就是业务范围覆盖汽车、家电、工业、建筑等多个领域，能给用户提供跨领域、跨市场、更宽泛的产品组合与服务。

我认为，互联给博世带来了新生，创造了新的发展机会，让博世能够进入更广阔的领域，尤其是基于未来市场需求的创新领域。

回过头来讲，博世不会放弃看家本领和传统优势，我们将继续提供高品质的零部件。与此同时，我们会加大对新兴市场和领域的战略投资。这对博世来说是一个变革的过程。

（**延伸阅读**：博世将交通与建筑、能源、工业技术互联互通起来，是少有的拥有广泛产品线以及跨专业、行业经验的汽车技术与解决方案供应商。比如，将汽车与智能手机互联，就可以在车内远程控制，进行打开车库门、开启中央供暖、到家前将烤箱预热等操作；或是将私家车、公交车、自行车、火车、停车场、公共交通自动售票机、火车站等交通工具和设施进行互联，实现无缝连接的联运交通。未来，汽车将成为人们的第三生活空间。）

何伟：正如你们在 CES 展示的一样，智慧互联深入城市建筑、交通、家居等各领域。博世是在描绘未来人类的城市生活，这种追求站在了更高的层次。

Dirk Hoheisel：博世致力于在全球范围内提供创新的技术和解决方案，让人们的生活更便捷、更安全、更舒适，而互联正是实现这一目标的关键之一。这也是博世品牌宣言"科技成就生活之美"所传递的精神。

从业务范围看，博世是为数不多可以提供涵盖传感器、软件、服务以及物联网云的一体化互联解决方案的公司，它拥有互联业务所需的所有关键能力，包括跨领域的专业知识。

博世是全球领先的汽车及消费电子传感器制造商，而微机电传感器恰恰是物联网的核心技术之一。如今，全球超过半数的智能手机中装有博世牌传感器。自从1996年起，博世已经生产了超过70亿颗微机电传感器，目前每天的产量超过400万颗。

在软件实力方面，博世建立了物联网生态系统，核心元素是物联网云，我们拥有独立的物联网套件开发平台。如今，博世在全球拥有超过20 000名软件工程师，其中约4 000名专注于物联网领域。

所以说，博世具备了深厚的技术以及跨领域的基础，有能力推出一系列智慧城市、智能交通、智能家居以及互联工业等领域的服务与解决方案。

在我们设想的智慧城市服务方案中，有不少项目都与汽车、出行相关，比如城区内的电动汽车充电技术、自动代客泊车功能等。在位于德国斯图加特的梅赛德斯-奔驰博物馆停车库，博世已经把自动代客泊车变为了现实，只要通过智能手机发出指令，车辆就可以自动停到指定区域而不需要司机的任何操作干预，这个试点项目是目前全球首个真实场景下的全自动代客泊车服务。

（**延伸阅读**：博世推出了社区泊车技术，让寻找车位不再困难。当汽车沿着路边行驶时，可自动识别并测量已停泊车辆之间的空隙距离。这些信息被实时传送到电子停车地图中，司机可以直接通过该地图找到空位。博世已经在德国一些城市试点该项目，今年将会在更多欧洲城市开展试点，并将在20多个美国城市相继试点，包括洛杉矶、迈阿密和波士顿等。）

"广泛的互联可以为用户提供便利，同时降低交通成本、物流成本，这体现了博世'3S'战略的价值。"

何伟：我注意到，博世在2018 CES发布会上重点推出的新理念和新产品都是围绕"3S"战略展开的，即软件（Software）、传感器（Sensors）和服务（Services）。涉及的业务板块固然很多，但我最关注博世未来是否会把更多的精力放在汽车方面，如新能源、智能网联等。

Dirk Hoheisel："3S"战略将围绕博世各个业务板块展开，在汽车板块也有很多体现。当前，汽车的互联化发展趋势对软件、传感器和服务都提出了更高的要求和挑战，也提供了很多新机会。比如能否实现无线更新软件，就像手机操作系统更新、APP 更新一样？现在，汽车软件更新需要去 4S 店，请工作人员帮助刷新，而将来的做法是无线实时更新。再比如，进行有预测性的保养，通过汽车上安装的软件，提前预知车辆是否该做保养或更换某个零部件，然后帮助车主安排好，预定附近的店面服务，这将产生新的服务模式和商业模式。这些过程，都是围绕"3S"战略展开的。

博世希望打造零事故、零排放、零担忧的未来交通。互联化让驾驶更放松，互联交通也可以理解为零担忧交通。博世要打造的无缝互联交通将涵盖交通的方方面面，不论是四轮车、两轮车还是轨道交通。

何伟：有一组数据，未来五年，互联交通的全球销售额将从目前的 470 亿欧元增长到 1 400 亿欧元，每年增长 25%。我认为，这种增长不仅来自新产品，还有老产品的升级；不仅是交通领域，还要扩展至更广泛的工业领域，让老设施、老设备加装传感器以焕发新活力。

Dirk Hoheisel：的确，这正体现了工业互联的思路。广泛的互联可以为用户提供便利，同时降低交通成本、物流成本。比如有一些特别精密的原材料要运输，我们可以使用传感器来监控整个运输过程中发生了什么事情，随时了解原材料是否受损等。这些都是"3S"战略的价值所在。

我们还可以对现有工业体系进行升级，这对中国乃至全球的意义都很大。事实上，在互联时代，并不需要把所有的东西都淘汰，全部购买新的，而是可以在现有的基础上进行改造。比如在中国，还没有做到所有的机床都联网，只要通过加装互联系统就可以大大提升机床使用效率，而无须淘汰原有设备。

"博世从诞生那一刻起，就以技术为企业发展导向，其中关键在于持续不断地进行研发投入。我们每年的研发投入差不多占销售额的10%，有些细分领域占比更高。"

何伟：作为一家百年企业，博世能够始终站在技术发展前沿，这非常难得，并不是所有企业都可以做到，更何况还坚持了百年。这就好比一位老人，总是可以通过各种方法让自己焕发青春。对博世来说，其中的精髓是什么？

Dirk Hoheisel：焕发青春并不容易。如你所述，不是所有企业都能做到。就博世而言，我认为它与生俱来具备以技术为先导的基因。130多年前，博世从诞生的那一刻起，就以技术为企业发展导向，其中关键在于持续不断地进行研发投入。我们每年的研发投入差不多占销售额的10%，有些细分领域占比更高。

何伟：是一直保持10%吗？

Dirk Hoheisel：对，我们长期保持10%左右的研发投入。2016年，博世全球销售收入为731亿欧元，研发投入约70亿欧元。

2015年，博世投资3.1亿欧元设立了中央研究院，这是一个专业的研究机构，主要研发领域包括软件工程、传感器技术、自动化、驾驶员辅助系统、电池技术及汽车动力系统等。博世中央研究院好比一所大学，保证了博世在最新的前沿技术领域都能有所涉猎，而且这里汇聚了众多专业技术人才。

作为一家全球性公司，博世创新的前沿技术不是全部来自企业内部，我们更加看中外部创新。不能只着眼于企业内部成长出来的技术，也不能只关注德国的技术，而要放眼全球。当前，我们已经进入了人类发展史上科技创新最活跃的阶段，眼光更应放在全球市场。博世的任务是打造平台、建立机制，让外部的创新融入进来。比如2017年，博世在中国建立了一个新业务团队，围绕汽车上的人工智能，开展加速器项目，15家顶尖的关注无人驾驶的初创公司加入了这个项目。2018年，这个项目将重点关注HMI（人机界面）技术的初创公司。

（**延伸阅读**：1 月末，博世发布 2017 年财报，其全球销售额约 780 亿欧元，同比增长 6.7%；研发投入约 75 亿欧元，占比约 10%。汽车市场业务增长 7.8%，达 474 亿欧元。）

"组织架构的调整是为了使我们离客户和市场更近，反应速度更快。在博世上百年的历史中，围绕战略发展进行必要的产品取舍是常态。"

何伟：我们看到，为应对变革，博世近期对汽车业务板块进行了一些战略调整，比如，将原汽油系统、柴油系统以及电动车业务进行整合，组建为新的动力总成事业部。那么，调整的出发点是什么？调整之后，博世汽车业务旗下的各个事业部将如何整体发力？

Dirk Hoheisel：组织架构的调整是为了使我们离客户和市场更近，反应速度更快。博世希望为客户提供的不仅仅是零配件，而是一体化系统解决方案。

以新的动力总成事业部为例，所有的内部资源都充分调动起来支持新事业部的运营。新成立的事业部以市场为导向，这也是为什么我们在设立子事业部时按照电动车、乘用车、商用车与非道路用车这样的架构来组织。这几个细分的事业部由一个管理团队来带领，从全方位解决方案的角度出发，为细分领域的客户提供全面的一体化解决方案。新的事业部需要有企业设立的各种职能部门配合才能顺利运作。架构重组之后，新的动力总成事业部的决策管理将统一由一位高管负责。

何伟：听说去年博世把一些传统的项目，比如起动机和发电机业务出售给了一家中国企业。当时是怎么考量的？

Dirk Hoheisel：博世有 130 多年的历史，在这期间，产品线会根据企业发展实时进行调整。比如最早的时候，我们还做过车灯、车喇叭，如今早已不同。我们调整的关键因素，在于考虑这块业务是否是企业的战略重点？如果战略重点在慢慢转移，就会进行整合、出售、并购。在博世 130 多年的历史当中，这是比较正常、普通的程序，没有什么特别的，只是围绕战略对产品进行必要的取舍。

（延伸阅读：2018 年 1 月 1 日，博世把原来的汽油系统、柴油系统以及电动车业务整合在一起，成立新的动力总成事业部，而起动机和发电机事业部已经出售给一家中国企业。经过调整后，博世汽车事业还包括底盘控制系统、汽车电子、汽车多媒体、汽车转向以及汽车电子驱动、汽车售后市场、易特驰、工程技术等。2018 年，博世还成立了智能网联事业部，将与车联网相关的所有业务统筹到这个事业部里，突出信息化、云服务的特点。）

何伟：博世的转型，一方面在于调整自身，另一方面加强了开放合作。2017 年，博世非常活跃。比如，投资 3 亿欧元成立全球人工智能研究中心；联合英伟达发布基于最新 Xavier 平台的车载人工智能电脑；联合戴姆勒合作开发 L5 级自动驾驶汽车；在中国，联合百度、高德、四维图新发布众包式高精地图定位方案，成为百度"阿波罗计划"战略合作伙伴，博世加强了对新技术的培育，也在产业各领域展开更多的跨界合作。

Dirk Hoheisel：是的。博世提倡打造开放平台，各合作方可以充分发挥各自的优势，共同打造生态系统。这对于行业发展具有积极作用。

"我们对中国的投资不会减弱。对于中国，不是简单地将其视为发展机会，而是看到中国市场的动能，即对创新科技的拥抱程度。将来，很多全球领先的技术都将诞生在中国。"

何伟：中国成为全球的焦点，也是博世增长最快的市场。你们如何考量中国市场的未来？

Dirk Hoheisel：中国市场的业务量已经占到了博世全球业务量的 1/5。博世对中国的承诺起于 1909 年，从进入中国市场开始，到 20 世纪八九十年代加大对中国市场的投入，我们的付出非常巨大，不仅体现在生产设施上，也包括研发领域。2017年，博世在中国有两家新工厂开业，我都出席了开工仪式，我们对中国的投资不会减弱，会看好中国持续发展的前景。

对于中国，我们不是简单地将其视为发展机会，而是看到中国市场的动能，即对创新科技的拥抱程度。比如，当前主动安全系统的广泛使用，这在多年以前是无法想象的。

中国品牌汽车正在拥抱高端技术，博世拥有的主动安全技术可以与他们展开深入合作。从目前看，中国市场具备的技术水平已经逐渐与全球发达国家市场平起平坐，未来在人工智能等领域将具备更强劲的发展潜力。中国市场上发生的变革是因中国而起，却在为全球市场定调。

何伟：是否可以理解为更先进的互联、电动、智能、安全技术都将诞生于中国，最先应用于中国？

Dirk Hoheisel：起码我个人是这样认为的，将来很多全球领先的技术必将起源于中国。作为博世全球董事会成员，我们一直在研究新的发展策略，其中关键是在中国为全球市场做研发。博世有部分诞生在中国市场的先进技术已经开始向全球推广。

何伟：那你如何评价中国的本土品牌？

Dirk Hoheisel：在我看来，中国本土品牌的发展进入了新的阶段，现有的技术水平、产品质量达到了新高度。我访问过很多本土品牌企业，他们的快速成长给我留下了非常深刻的印象。中国已经成为全球最大的单一汽车市场，博世将一如既往地坚持"根植本土、服务本土"的战略，坚持以本土市场的需求为导向，实现本土研发、本土生产、本土采购、本土人才、本土销售，乃至整个价值链的本土化。

去年底，博世与中国的"造车新势力"进行了一场对话。他们也是我们在中国市场的业务聚焦点之一。新造车企业与科技公司的加入，催生了汽车产业的新理念、新商业模式，激发、促进了汽车行业的转型升级，这种变化和竞争是有益于汽车行业发展的，全社会都可以受益于这场竞争。

【商业评论】

拉斯韦加斯看博世

那天，沙漠中的拉斯韦加斯落下了罕见的雨丝，毫无准备的城市被蜂拥而来的一群群穿着西装、背着电脑双肩包的科技咖们挤爆了交通。拉斯维加斯是人类文明的奇葩——人类最繁华的消遣城市恰恰建在了最荒凉的地方。主办方选择拉斯韦加斯举办全球最大的消费电子展（CES），可谓别具匠心。

每年的CES，厂商们都铆足了劲，将自己最好的产品和概念展示出来。相比去年大热的VR、AR，今年突出的是无人驾驶、智能车载系统。汽车厂商更是展示了多种多样的概念车，就连不搭边的家电厂商也在展台上放着一辆车，让整个电子展生生地变成了汽车展。比起北、上、广、深的会展中心，拉斯韦加斯的会展中心显得寒酸、陈旧，但是并没有阻挡高端参展商的脚步，布展水平也高出一筹。眼花缭乱的概念和技术，让参观者不停地思考着汽车的未来观：我们应把汽车当作一个交通工具还是电子消费大玩具？

今年展会另一个亮点是1 500家中国企业参展，刮起了中国风。华为、TCL、海信、海尔、长虹、联想、科大讯飞……TCL甚至把广告打到了所有入场者佩戴的证件上。连躲避媒体的贾跃亭，也通过他孤注一掷打造的FF91在展会上刷存在感。这里的确是个梦想之地，至于能否圆梦就靠运气了。去年的此时，贾跃亭也是在这个舞台上高调发布了他的FF91，今年却从峰顶跌到了谷底，遭受万众谴责。一年时间，贾跃亭在这个舞台上几乎完美地完成了从梦想家、创新者到赌徒、骗子的转换。直到现在，他是个什么人，谁能说得清楚？

但是，个别的沉沦并不能阻止这个耀眼的国际舞台年年推出新梦想、新希望。纯电动汽车、自动驾驶技术等黑科技，成为媒体追逐的新宠。热闹劲儿使得随后开幕的底特律北美车展黯然失色，沦为十足的配角和点缀。

如此盛会，自然不能缺了博世。我与博世的约会，就是在这样的背景下践约的。这次博世带来了什么？智慧＋、智慧城市、智慧家庭、智慧大楼……访谈之前，博世中国区总裁陈玉东和副总裁蒋健请我们参加新闻发布会，感受博世今年推崇的主题：智慧、节能。屋外，雨下个不停，人头攒动的博世展区，展台上有台德国造的古老的缝纫机，旁边配上先进的数字控制设备，寓意德国制造返老还童。屋内，我与博世集团董事会成员 Dirk Hoheisel 博士忙中抽闲快速交流，由于语言交流的不便，访后我们又进行了笔谈，形成了这份迟到的独家专访，所以要谢谢读者的耐心。

华晨宝马总裁兼首席执行官魏岚德

华晨宝马在中国，为世界

访谈主持：何伟

访谈嘉宾：华晨宝马总裁兼首席执行官　魏岚德

编前：它不是成立时间最长、资历最老的合资车企，不是累计销量规模最大的国产高档车品牌，也没有落户于北京、上海、广州，坐拥一线城市的区位优势，但它用 7 年时间累计产销量实现了从 10 万辆到百万辆的跨越；仅用 3 年从 100 万辆跃升至 200 万辆，在中国高档车市场创造了速度与效率的纪录；国产车型从最初的 1 款扩大到如今的 6 大系列 30 余款，并为中国消费者量身打造了多款长轴距版热销车型；凭借持续的投资和本土化战略推进，带动了当地经济和汽车产业链的发展，在东北振兴和工业升级中扮演着先锋角色，用实际行动打破了"投资不过山海关"的"定律"。它就是华晨宝马汽车有限公司（简称"华晨宝马"）。

在改革开放 40 年之际，也是汽车工业对外开放 40 年之际，解读这样一家样板企业有着别样的意义。

华晨宝马的成功得益于股东双方总能在正确的时间做出正确的决策

何伟：今年，中国汽车销量极可能同比下滑，这是多年来的首次，你怎

与华晨宝马总裁魏岚德对话

么看？同时，国际上的贸易纷争也在不断加剧，这些因素会否影响华晨宝马在中国的发展？

魏岚德：我们也注意到中国今年的汽车产销量不太好，但是，具体到豪华车市场，发展趋势仍是很不错的。今年前三季度，宝马在中国累计销售45.9629万辆BMW和MINI汽车，同比增长5.3%。其中，9月当月的销量达到了5.9616万辆，同比增长13.2%。

当前的中国汽车市场已经进入高质量发展阶段，消费市场对高质量产品的需求越来越强烈，由此也会给市场带来结构性变化，包括性能更好的豪华车和新能源车型将有更多需求。因此，尽管中国车市今年的增速出现下滑，但这两个细分市场仍然是巨大的增量市场，我们对中国汽车市场发展充满信心，相信眼前的某些因素对我们的市场销量不会产生太大的影响。

何伟：今年是中国改革开放40周年，宝马作为世界知名的汽车厂商，在中国建立合资企业已经15年了。过去的15年在中国的发展对宝马有何意义？怎么评价华晨宝马的发展？

魏岚德：2003 年，华晨宝马成立，最初靠组装进口件打开中国市场。但我们很快就意识到，在中国要想取得更大的成功必须进行本土化生产，与合作伙伴一起开拓市场。过去 15 年的发展，我们用事实证明，当初作了一个正确的决定。我个人对能成为这样一个成功的合资公司的首席执行官感到非常荣幸。

何伟：在 15 年的关键节点，华晨宝马有哪些重要动作？

魏岚德：华晨宝马的 15 年，是成功发展的 15 年。我们不仅实现了企业规模等方面的快速量变，同时注重自身的高质量发展，并取得了不凡的成绩。因此，股东双方对合资公司的未来充满信心，提前将合资公司的合同延长到 2040 年。同时，我们追加了在中国的投资，用于未来几年沈阳生产基地的改扩建项目。这都为合资公司在中国继续书写其成功故事打下了坚实的基础。华晨宝马 15 周年不仅对于华晨宝马的员工和股东双方来说是值得庆祝的时刻，甚至对于沈阳、辽宁乃至中国来说也是意义非凡。

华晨宝马过去 15 年的成功，是建立在中国改革开放的基础之上的。我们看到中国汽车行业正在发生重大变化，比如行业监管框架的改变，这代表中国政府愿意进一步深化改革开放。与此同时，我们也看到了产品市场的变化，街上出现了越来越多的新能源车，智能网联车也在不断升级与迭代，5G技术也使我们未来能够为用户提供更多的功能，基于以上对未来趋势的判断，我们将在电动车和智能互联方面继续增加投入。

助力本土优秀供应商获得更好成长是华晨宝马的目标

何伟：作为一家成功的合资公司，华晨宝马对中国汽车工业的发展和地方经济的发展都做出了很大贡献，尤其是在地方税收和就业方面，以及汽车供应链的构建、本土供应商的培养等方面。在本土供应商的培养方面，宝马不仅培养了沈阳名华这样优秀的传统零部件供应商，还帮助宁德时代成长为全球知名的动力电池供应商。汽车工业的发展，供应链体系的构建是关键一环，也是中国汽车强国战略的重要支撑。未来，华晨宝马在本土供应商的培养方面有没有更多考量？

魏岚德： 与世界上最优秀的供应商合作是华晨宝马的原则，只有这样，我们才能生产出质量最优的产品提供给消费者。在这一过程中，我们会寻求与本土最优秀的供应商合作，助力他们不断成长，比如名华和宁德时代，都是华晨宝马在过去寻求到的优秀的本土供应商，在与华晨宝马的合作中，他们都有了很大的进步，成为各自领域内最优秀的企业。华晨宝马也在与供应商的合作中不断提升产品品质，共同努力让客户得到最好的产品与服务。

我们非常高兴地看到，本土供应商在与华晨宝马的合作中不断成长。我们和名华的合作就是一个很好的案例。随着与华晨宝马合作的不断深入，名华进入了宝马集团全球的供应商体系中，而且还在海外建立了工厂，为其他国家的宝马工厂供货。只要供应商拥有一流的产品技术和生产能力，我们都非常乐于助力他们走出国门，谋求更好的发展。

何伟： 回顾 BMW 品牌在中国的发展，从"在中国，为中国"，到"在中国，为中国，为世界"，为何会有这样的变化？

魏岚德： 过去，我们一直在说"在中国，为中国"，主要是因为华晨宝马销售的所有车辆都是在沈阳工厂生产的，也主要提供给中国消费者。转折点是 BMW iX3 车型。这将是一款在中国生产并出口到全球的产品。BMW iX3 是一款技术含量非常高的产品，不仅代表了宝马在新能源汽车领域的最新技术，而且也符合中国正在倡导的新能源汽车发展战略。BMW iX3 将搭载宝马集团最新的第五代 eDrive 技术，电池的能量密度、车辆的续驶里程和安全性都更高，能够全面满足消费者的各种需求。华晨宝马生产的 BMW iX3 向全球出口。事实证明，中国生产的产品是世界一流的产品，这也顺理成章地让华晨宝马实现"在中国，为世界"。

华晨宝马将继续引领中国新能源车发展

何伟：新能源汽车正在成为中国重要的新兴战略产业，这几年的投资热度非常高，市场也很最活跃。华晨宝马在沈阳建立了专注于新能源汽车的研发中心，纯电动的 BMW iX3 车型 2020 年将在中国生产并出口到全球。华晨宝马在新能源汽车市场上为何会有这样的布局？

魏岚德：宝马是全球第一个进入新能源汽车市场的豪华车制造商，率先推出了 BMW i3、i8 等车型，在新能源汽车领域一直保持着领导者地位。在中国，华晨宝马也率先推进自主品牌，并在商业模式等很多方面进行尝试。华晨宝马的新能源汽车战略不仅是宝马品牌自身发展的战略，而且在中国汽车市场发展方面有着一系列重要举措。很高兴我们在中国的新能源汽车领域积累了许多宝贵经验。

需要强调的是，新能源汽车的发展不仅是量的增加，更多的是质量的提升，需要更好的产品和技术。当前，中国的新能源汽车市场已经成为一个新蓝海，吸引全球最先进的技术和产品来这里参与市场竞争。我们也关注到中国的自主品牌和很多拥有互联网背景的新型创业公司进入这个领域，他们的加入会给这个行业带来更多的创新，激发市场活力。在我看来，新能源汽车的发展，不仅需要传统的造车技术，还需要更好地与创新科技结合。在这方面，华晨宝马希望能突出自己在传统造车领域的优势，引入创新的技术，持续提升产品品质和用户体验，更好地为消费者服务。宝马也会把最先进的技术带入中国市场，甚至在本土建立新能源车的研发中心，促进新能源汽车技术和产品的发展。沈阳的华晨宝马动力总成工厂是宝马集团在德国本土之外的第一个发动机工厂，这里不仅生产发动机，还生产动力电池。同时我们还在中国设立了动力电池中心，更贴近生产，更好地为中国的新能源汽车市场和客户服务。

在中国，华晨宝马的新能源汽车战略不仅是建立研发中心、生产先进的产品，还要更多地与合作伙伴合作。我们与宁德时代的合作就是一个很好的

在华晨宝马生产线合影

案例。在与华晨宝马的合作过程中，宁德时代从无到有，迅速成长为中国最优秀的动力电池供应商，把业务领域向全球延伸。我们非常乐于看到中国本土新能源汽车领域这些可喜的变化，同时，成功地借助与他们的合作，不断提升宝马的新能源汽车产品的品质。

一汽解放锡柴党委书记、厂长钱恒荣

74年只为打造强劲中国芯

访谈主持：何伟

访谈嘉宾：一汽解放锡柴党委书记、厂长　钱恒荣

　　编前：一汽集团的最新发展规划中提到，要把解放品牌打造成为"自主商用车第一品牌、第一销量"，实现这一目标离不开产品的核心动力。今年以来，解放品牌重卡累计销量同比增长六成，而这背后正是一汽解放锡柴强有力的支撑。扛着"民族品牌、高端动力"的大旗，走过74年历史的锡柴经历了四次创业，74年里，锡柴人从未懈怠，时刻保持着危机感。当前，锡柴面临的是与全球先进柴油机品牌在中国乃至全球市场的激烈竞争，能不能顶住压力继续前行？锡柴的回答简单而有力：能。

　　2017年9月22日，一汽解放锡柴党委书记、厂长钱恒荣来到人民日报社新媒体大厦，与《中国汽车报》社社长何伟进行了一次由历史谈及未来的深度对话。从这场对话当中，我们看到了锡柴"能"的底气。

　　"第四次创业要实现四大转变：由学习型企业向创新型企业转变，由技术跟随型企业向技术引领型企业转变，由产品营销向品牌营销转变，由内涵管理向精益管理转变。四大转变要是能实现，锡柴就真正成功了。"

　　何伟：在一汽集团，解放是一位旗手，锡柴作为解放核心动力供应商，

同样具有举足轻重的地位。翻开史册，锡柴经历了四次转型，一次又一次接受时代挑战。站在今天回顾过去，我们应该怎样评价锡柴，定义锡柴？

钱恒荣：74年走来，锡柴一直都是一家国有企业，锡柴经历的每一段时期都有鲜明的特色。我们把从1943年到1991年，也就是锡柴进入一汽集团之前的近五十年视为第一次创业，这是"出产品、出人才"的阶段。建国之后，锡柴为地方工业体系的发展培养了大批人才。

第二次创业从1992年开始，伴随着国家改革开放和经济快速发展，计划经济不再适用，锡柴选择加入中国一汽集团，正式进入汽车行业。1992～2000年的近10年间，锡柴实现了向市场化的完全转变，这也是锡柴发展最快的阶段。

2001～2010年期间是锡柴的第三次创业期，实现了产品系列化发展，对轻、中、重各车型实现了全覆盖，拥有了正向开发能力，企业营收年平均增速超过30%。2003年，锡柴开发了具有自主知识产权的CA6DL重型柴油机，当时，这台发动机被时任《中国汽车报》社社长李庆文评价为"跨越时空20年"，缩短了中国柴油机与世界领先水平的差距，到2010年锡柴年产销达到了30万台，成功迈进百亿规模。

2011年，锡柴进入第四次创业。

何伟：锡柴第四次创业是在你的带领下进行的，你如何规划和理解第四次创业？

钱恒荣：我2007年开始担任锡柴厂长，起初的三年我就意识到，靠规模求发展的时代已经过去，锡柴的第四次创业面临的是"四大转变"。

第一个转变是由学习型企业向创新型企业转变。创新包含学习，建立在学习基础之上；第二个转变是由技术跟随型企业向技术引领型企业转变。近10年来，我们与世界先进水平差距逐步缩小，企业未来将走向哪里我们应建立自己的理解；第三个转变是由产品营销向品牌营销转变。过去我们围绕产品做营销，认为产品能卖出去就好，但品牌营销不一样，销售行为对品牌发展是损害还是有益都值得深入研究，这要向外企学习，建立强烈的品牌意识；第四个转变是由内涵管理向精益管理转变。多年以前我们走过了粗放经营向内涵管理的转变之路，实现了由人治到法制的转变。现在要实现的是由法制向精益管理的转变，任何工作光有条条框框不行，还要实现数字化，用工作指标来衡量。第四次创业，我们计划用15年，持续到2025年。

何伟：用15年完成第四次创业的艰巨任务并不容易，很多国企老总是等不了这么久的。

钱恒荣：是的，"四大转变"说起来容易，做起来很难。"四大转变"要是能实现，锡柴就真正成功了。这15年我们也是分阶段进行的，2011～2015年实现两大突破：突破产品平台的瓶颈、突破产能制约的瓶颈；2016～2020年实现两大接轨：产品水平接轨国际、产品达到国际一流。管理水平接轨国际，工厂具有合理配置全球资源的能力，具备国际竞争力的运行体系和支撑保障能力；2021～2025年实现两大领先：发动机技术行业领先、品牌影响力国际领先，能比肩国际著名品牌，并具性价比优势。

"机制的核心问题是五个能：干部能上能下、薪资能高能低、员工能进能出、机构能增能减、政策能多能少。"

何伟：现在行业内对体制、机制话题讨论比较多。前段时间，我与李书福交流，他提到，起初，吉利的技术不是最好的、人才不是最强的，但吉利迅速成长起来了，主要原因就是机制搞活了。锡柴作为老国企，关于体制、机制也有很多管理经验，你怎么看？

钱恒荣：我认为，企业能不能搞好不在体制在机制。体制上，无非是国有、民营或混合所有制等，以往认为民营企业比国有企业管理更灵活，但民营企业也有做得不好的，国有企业也有蒸蒸日上的，终究差别还是在机制上。机制的核心问题是五个能：干部能上能下、薪资能高能低、员工能进能出、机构能增能减、政策能多能少。现在，锡柴在机制上不能和民营企业一模一样，但可以最大限度地向民营企业学习。

我上任后，首先在厂内针对管理人员推出了"干部末位淘汰制"，每年按照各项指标对干部进行两次评价，年终进行总体排名，末两位人员要"下岗"，职位免掉，这让干部有了工作上的压力和积极性。

再举个例子，国企一般是不能随便开除人员的，那怎么理解"员工能进能出"？在锡柴内部，我们建立了"劳动力交流站"，部门领导认为的工作能力不足的人员要到这里进行培训，在此期间接受培训的人员只能拿到基本工资，没有各项奖金，完成培训之后再竞聘上岗。每位员工只有两次接受这样培训的机会，超过两次也就证明这位员工能力实在不足，应该劝退。实际上，这么多年，锡柴没有多少员工是因为被劝退而离职的。这个机制的主要目的是督促员工努力工作，也让部门领导不能以"员工工作能力不足"这样的理由来推脱部门应承担的责任，因为这个机制可以帮助部门领导筛选员工，建立符合部门要求的团队。

"我认为中国企业在海外市场的发展不在于产品销量的多少，而在于是否打造有持续影响力的品牌。中国制造企业出口海外有不少只是昙花一现，主要原因就是急功近利，没有打造好品牌，甚至搞低价竞争把品牌给做坏了。"

何伟：去年以来，锡柴获得多项质量大奖，奥威品牌也一次又一次登台授誉，锡柴的成绩有目共睹。未来，从产品升级和结构调整角度看，锡柴下一步应在哪些方面做出改进？

钱恒荣：经常有人问，奥威做到今天还有没有升级空间，答案当然是有。

首先，未来奥威品牌要开发 16 L 排量的产品，这个规划已经于近期正式立项、启动。现在市场上大功率发动机需求愈加明显，未来中国也会同国外市场一样全面走上开发 16 L 发动机的道路。

其次，奥威全系列产品都已经开始布局"国六"，我们要把发动机爆发压力提高至 200 bar 以上，这样有助于油耗的降低，但这也要求缸体、缸盖必须使用蠕铁材料。过去几年，锡柴蠕铁材料的开发和应用已经达到了国内领先水平，但"国六"排放阶段对蠕铁材料的要求又提高到新的层次，因此锡柴也加强了与国际先进企业的合作研发力度。

再次，是技术层面的提升，奥威将推出发动机制动（柴油机辅助制动系统）功率更高的产品，采用独立摇臂，制动功率达到 340 kW，使得重卡产品在下坡时都可以不使用缓速器。

最后，是开发一系列高可靠性技术，预计明年投放市场的解放 J7 重卡上将会应用，届时会对外正式发布。

我们还推出了一个劲威品牌，主打轻卡高端市场，目前，劲威产品还没有正式投入市场。进入"国六"排放阶段后，劲威要全面取代康威品牌。康威作为一个老平台，完全可以满足"国五"阶段的要求，但从成本考量，康威不适宜升级"国六"，因此锡柴建立劲威平台，打造轻型车市场的高端动力，劲威的各项指标均对标国际先进水平。

现在，锡柴的产品供不应求，锡柴也有意愿提升产能。实际上，产能提升的改造项目已经获批，但改造生产线需要几个月的时间，目前的生产线一直是超负荷运行。未来，我们希望 11 L、13 L 发动机共线生产，保证生产总量的稳定增长。目前 11 L 发动机仍是商用车市场的"黄金排量"，预计锡柴今年销售 10 万台以上，13 L 发动机将突破 2 万台。

何伟：锡柴要打造的是国际品牌，在海外市场是不是应该有更多的布局？

钱恒荣：锡柴一直很重视海外市场的发展。近些年，锡柴每年外销发动机稳定在 1.6 万~1.8 万台，一是随整车出口，包括满足一汽集团解放品牌海外市场的需求，很多海外市场指定要求使用锡柴发动机；二是整机直接出口，用于发电机市场；三是越南等东南亚市场诞生了一些本土商用车企业，他们选择与锡柴合作。

我们没有海外建厂的考虑。发动机不同于一般的汽车零部件，它的生产需要国家工业体系的支撑。在东南亚地区，很多国家无法满足重卡发动机的配套需求，当地的企业没有能力供应我们所需要的缸体、缸盖，生产技术仍相当落后。

我认为，中国企业在海外市场的发展不在于销量的多少，而在于是否打造有持续影响力的品牌。中国制造企业出口海外有不少只是昙花一现，主要原因就是急功近利，没有打造好品牌，甚至搞低价竞争把品牌给做坏了。现在的锡柴离真正的国际知名品牌还有很大差距。做品牌是方方面面的、立体的，有形象的包装，也有企业营销策略的考量。

何伟：在经历了这样一轮全面升级后，锡柴奥威和国际先进发动机对比还有差距吗？

钱恒荣：应该说和国际先进发动机已经基本处于同一水平线上，动力、经济性、噪声控制水平差距不大，可靠性也向国际对手全面看齐。奥威下一代 16 L 发动机设计 B10 寿命为 200 万公里。锡柴目前的研发投入占营收比例为 2.6% 左右，未来会继续提升，到"十三五"末把这个比例提升至 3%，我们会保持发动机行业较高的研发投入水平。

现在东风、福田等各大商用车企业都引进了国外发动机技术，解放是唯一仍使用自主知识产权发动机的企业。解放公司的领导问我："面对他们的围追堵截，锡柴能不能顶住？"我的回答是"能"。

"锡柴今年 1～8 月的销量只增长了 9.6%，原因是目前的产能已经到顶，增长速度很难再往上走。锡柴今年利润预计 20 亿元左右，销售总额 130 亿～140 亿元，将会创造历史新高。"

何伟：相信锡柴能取得更大的进步、更好的业绩。有一个因素是不可忽略的，我们也提到了，今年商用车市场整体形势大好，锡柴跟着沾了光，也忙碌了起来。这一轮市场大涨相比 2010 年有什么区别?

钱恒荣: 从去年下半年开始,锡柴就已经开始按照极限产能进行生产了,最近生产车间也只放了三天高温假,放假的目的还是因为要对设备进行检修。目前锡柴的生产线每个月停产一天,其余基本是 24 小时不停歇运转。锡柴今年 1~8 月销量只增长了 9.6%,原因是目前的产能已经到顶,增长速度很难再往上走。今年利润预计 20 亿元左右,销售总额 130 亿~140 亿元,将会创造历史新高。

上一次出现这种全负荷连续运转的情况就是 2010 年。我们预计今年重卡市场发动机销售总量为 135 万台,将远超 2010 年。这一轮的增长源自多种刺激因素,包括 GB1589 新国标的实施,以及经济发展的作用。2010 年的增长主要是政府投资拉动,牵引车、自卸车、载货车增长比较均衡,而今年牵引车发展非常突出,终端市场用户购买是主力,经销商压库行为不明显,市场增长状态比较健康。

今年 3 月,13 L 发动机销量突然开始拉升,牵引车市场需求迅猛,13 L 机匹配车型相比 11 L 机匹配车型配置基本一样,价格虽然要高一万元左右,但动力性好,油耗也略有下降,二手车残值也要高很多;另外,大功率天然气发动机也出现了巨大增幅,尤其在西部地区,天然气发动机占了锡柴 95% 以上销售比例。

我预计明年商用车市场会出现 15% 左右的下降,重卡市场总销量 110 万辆,但不会出现断崖式下滑。

何伟: 大好形势下,锡柴如何居安思危?

钱恒荣: 锡柴历史上曾经多次出现过重大发展危机,全体员工危机意识很强。

现在汽车行业都在讨论燃油机即将消失的问题。我认为,30 年内传统燃油机不可能消失,即使未来全面实施电动化,重卡市场也是最后实施电动化的市场。原因是目前储备的技术不足以支撑载货车全面电动化，巨大的电池重量影响载货总量，限制了用户收入；不完善的充电技术无法保证车辆连续作业，效率得不到保障。当然，我们也十分关注即将发布的特斯拉电动重卡，它的技术路线或许会对重卡行业产生一定影响。

电动汽车技术在汽车历史上经历了三次大讨论，一是内燃机出现之前，二是20世纪中东石油危机时期，三是这一轮全球电动汽车产品推广过程中。电动技术的发展需要市场化的竞争，而不是一味地靠政府政策推动，否则出现的将是一个不健康的市场。

甲醇汽车也得到了行业内一些企业的助推，政府也进行了试点验证。不过，目前锡柴并没有开发甲醇发动机，主要原因是，在商用车市场推广一种新的燃料面临的不仅是技术困难，更多的是商业化运作模式的摸索、燃料供应加注的问题，还有用户的认可程度。但锡柴会一直对新技术、新趋势保持高度关注。

卓尔不群的方家之作

（代后记）

本书大部分访谈后附的"商业评论"见诸《中国汽车报》"社长手记"栏目，"社长手记"（以下简称"手记"）是《中国汽车报》上具有近20年历史的"第一专栏"，由历任社长亲自撰写，记录了《中国汽车报》对产业热点、焦点和难点既权威又个性化的观点。何伟接任社长之后，"手记"的刊发形式发生了重大变化，不再孤悬于版面一隅自说自话，而是镶嵌在一次次大型巡礼报道中，庖丁解牛，从个案中揭示普遍规律，从个性中昭示真章。

经过3年零两个月的观察和体会，先总编辑后社长的何伟给我留下的总体印象是"齐鲁汉子、江南才气"。他祖籍浙江，但长在山东，身材魁梧，写出的文章却很细腻，颇具匠心，很有方家之范。我在中国汽车报社工作了近30年，让我视为为文方家的人并不多，何伟算是其中的一位。辑录在这本册子里的20余篇"社长手记"充分印证了这一点。

"手记"匠心独运，画风独特，是值得反复咂摸和品味之作、创新之作。

真接地气，就有非凡力量

能把汽车报道写活、写得引人入胜，何况又是最为严肃的述评，真不是一件容易的事。来到报社后，何伟选择了一个领导带头写稿的切入口——

担当由他主持的"高端访谈"里访谈嘉宾。这些嘉宾多是极富个性的车企当家人。把人写活了，文章就活了；而要把人写活的关键，是发现其性格中的趣味点，无所畏惧，真人真写。特别是面对那几位民营车企老板，越是有性格，越是"真人"，他写得越是有滋味，越发的生动。企业如人，那些企业的灵魂是他们的老板塑造的，老板写活了，企业的秉性也就清晰可见了。我想，"手记"卓尔不群的总根子就是这一招。

所以，在描摹、刻画人物性格特点上，虽然大多只用寥寥几笔，何伟描摹得很精心、很贴切。再加上问话很真切，答语很直率，多数访谈嘉宾的形象生龙活现、跃然纸上。尽管这些明星企业家，特别是李书福、曹德旺和王传福已经被人写"烂"了，但在何伟的笔下，人物面目更清晰、更生动，不得不让人赞佩他妙笔，佩服他的笔力。

"手记"把那些"真人"的真处剔了出来，呈现在大家面前。特别值得一提的是，"手记"敢于描摹和评点那些赫赫有名的大企业家、亿万富翁、媒体的大金主，平视的角度，平等的对话，不卑不亢，照实写来，这在资本驱动新闻的特征相当明显的产业新闻界，如一缕清风，实属难得。

敢于碰触企业的敏感点，真诚评点。例如，对于长城汽车公司的秘密监察制度和超额利润，为了维持合作关系，其他媒体讳莫如深，"手记"并没有绕着走，而是直接点了出来，视之为特色管理。出人意料的是，文章见报后，长城汽车传播业务负责人给我的反馈是，长城高层不仅没有跳脚抗议，反而由衷地表示："很好！非常感谢！"而且还从报社发行部买走了300份当期报纸散发给关联企业。

"手记"真味很浓，每一层意思，都很实在，不会让你读着读着就觉得脚跟离了地，思维断了线。文如其人，何伟虽然很注重细节，但为人为文很平实，他不玩高深，不挥斥方遒，不云里来雾里去，从概念到概念，大话空话套话连篇；更不喧宾夺主，把访谈变成了"征服"对方的机会。在语不惊人死不休、不把人眼球拽过来誓不罢休的多媒体时代，他更不会为了让文章"吸睛"，"少年不知愁滋味，为赋新词强作愁"。

近几年，中国汽车市场告别了高速增长的黄金时代，转入微增长的新常态，2018年甚至成为28年来首先出现的负增长年份。面对持续滑坡的车市，浮躁的中国品牌汽车企业不得不冷静下来，挥别心浮气躁的作风，走上求真务实、尽快提升素质的道路上来。从这个角度来说，读读"手记"，恰如服用一盒"牛黄上清丸"，有滋阴祛火之功效。特别是对于有志于在产经新闻领域练出如花妙笔的人来说，品品"手记"，比照比照自身素质，有助于暗下决心，向自己求真求实。

述评能不能多点描写？

何社长的"手记"之所以与众不同，在于他善于描摹人物和场景，时常物我一体，给人一种沉浸感，不仅读来很有趣，而且经受了一次文学熏染。

"手记"兼有唐宋散文、杂文和诗词的气息，精于观察和摹写。例如，刚见到奇瑞汽车董事长尹同跃，"手记"是这样描述的："他举止随性，性情谦和，说话慢条斯理，更像一个学者专家。超时的交谈，微笑中带着凝重，凝重中充满坚毅。这位压力重重的奇瑞掌门人，没有抱怨，更非传言中的那样失意不振。"

人物出场，先亮个相。这段描述，颇有古话本之风。因为奇瑞之前创立了多个品牌，采取"多生孩子好打架"的策略，疏忽了品牌区隔和产品质量的提升，没有敏锐地把握住消费快速升级的时代趋势，销量持续下滑，有"自主品牌轿车旗手"之誉的尹同跃和奇瑞脸上无光，蛰伏了一段时间没有发声，业界人士颇觉反常，也因为这是何伟首次见到这位中国汽车界的风云人物，颇感好奇。

长谈结束之后，何伟的心绪还萦绕在奇瑞何去何从的问题上。于是，"手记"末尾出现了这样一幅"通感画"："离开芜湖的前夜，采访组乘兴登上长江堤岸。月黑风高下的江面，忽而狂风，忽而骤雨，倒是远处酒吧里飘来了阵阵旋律，点亮了我们迷蒙的心房。那是一首传唱已久的老歌《水手》，风雨中，'这点痛算什么，擦干泪，不要怕，至少我们还有梦……'。"景语、情语有别，但景语在实质上属于情语。若想景由心出，需要功力来托出。能托得出来，就属于逸品。

再比如，《李书福凭什么"神"？》一文的末尾，也展现出诗情画意："上世纪八十年代末，十万大军下海南，李书福裹挟其中，从浙江来海岛创业，结果把4 000万元本钱赔光了。倾家荡产，妻子离去。那段至暗时光，他忍受着孤独和痛苦，不抱怨不诉苦，半夜登高，别人以为他要跳楼，他却迎着腥热的海风赋诗一首：'力量在风中回荡，奇迹在蓝天下闪光。坎坷的道路承载着我的理想，坚实地伸向远方。'

"20年前的旧作，他脱口而出，蕴含着败者归来的志气。也许为了成就今天的李书福，命运精心安排了这次惨痛的打击。

"那晚，博鳌的海风醉人，微醺的李书福显露出哲人的睿智和诗人的豪情，真不知道，明天他还会给我们制造多少神奇的故事。"

新闻采访是个脑、口、手并用的过程，但像何伟这样全身心地投入、全息品味、有魂魄的描摹式评论的，相当罕见。这样的情景在绝大多数记者眼里无足轻重，若要入文，顶多算作无关轻重的花絮，但在作者眼里，它却很有表现力。他是用心在感受眼前的整个世界，但又做到了不忘自我，不忘任务，不被外物所羁绊。沉浸更有利于深刻的探寻，但又必须及时地跳脱出来，转换话题和场景。这很考验记者的功力。

对于有些主流媒体人士来说，他们可能习惯于捏着鼻子说话，按照上级的指示精神亦步亦趋，不敢越雷池半步，不会视"手记"为正经八百的新闻评论，将其当作散记之类的散文。他们可能会说，手记手记，随手记记而已，无体可言；新闻评论重在亮观点、摆论据，以理见长，这才是评论的正道，描摹可点不可展。

在这一方面，中国的主流媒体记者还是应该多向西方记者学一学，比如说好好看看《〈华尔街日报〉是如何讲故事的》这本书。更何况在全媒体时代，体裁之间的区分已然相当模糊，只需把握其神和主要特征而已，无须抱着老窠臼不放。

想要述评出彩，先把语言锤炼好

"手记"读起来很轻松，饶有趣味，同时让人明显地感觉到作者颇具匠心，写作功力非同一般。

首先，它的句子一般都很短小。船小好调头，闪展腾挪，很是灵便，句与句之间也增强了张力。四大古典名著和金庸的武侠小说为什么好看？短句子是一大技巧。欧化的长句子结构复杂，严谨是其长处，思维黏滞牵绊、读起来不畅快，是其短处。短句子利于快速阅读，容易产生节奏感、韵律和冲击力。

怎么才能把句子弄短呢？吃透新闻素材是关键。只有对素材做过认真的反刍和咀嚼之后，对事实吃透了、想透了、想定了，写作前的头脑才会有清明境界，甚至会迸发出"金句"来。例如，写长城的那篇"手记"里就有这么一句"金句"："其实，真正的实力总是自带光芒。"

其次，"手记"运用修辞手法很纯熟。例如，巡礼一汽的那篇"手记"，其中有这样一段话："忆过去，光芒四射，业绩显赫；看现实，困难重重，备感失落。"对仗式的修辞手法产生了诗意，给一汽挂了一副对联。

还是这篇"手记"，另一处则同时运用了通感和排比两种修辞技巧："分析到这里，就不难理解，他们为何会在众声喧哗中总是选择沉默，为何在刨根问底的追问中总是闪烁其词，为何在庆功宴上总是选择低调。有些委屈无处诉说，有些困惑无法言说，欲说还休，却道天凉好个秋。"身为国有企业单位负责人的作者，与坐在对面的国企领导产生了通感，用两组（三个"总是"、两个"有些"）排比句表达了出来。在"手记"里，这种旁白式的感悟不止一处，非常独特。

还是那篇"手记"，从中还可以看出用典很自然。两组排比句犹如钱江潮水接踵而来，情之所至，作者自然而然地用典兴叹。"欲说还休，却道天凉好个秋"这个名句，出自南宋豪放派词人辛弃疾之手。用典信手拈来，不做长期的积累是不行的。

"手记"的语言风格不仅与主流媒体不同，即便是放在网上，在汽车圈里，在产经媒体圈里，也与众不同，社会化的底色较为浓郁。这让我想起了"诗的功夫在诗外"这句话。"诗外功夫"能给我们带来"超级战力"，就像汽车与互联网结合以后就会产生巨变一样。汽车是一件技术集成度最高的家用工业产品，同时极具社会性。汽车新闻采编人员要出色地分析汽车、认识汽车，不能不汲取文学、经济、艺术和社会等方面的知识。

学老鹰锤炼观察力

"手记"展现出超强的观察力和洞察力，写人入木三分，说理透彻精辟。这是如何做到的呢？

多年前，在给中国汽车报社新入职的记者们谈如何抓取选题时，我提到过《三国演义》中"煮酒论英雄"那个故事："操曰：使君知龙之变化否？玄德曰：未知其详。操曰：龙能大能小，能升能隐；大则吞云吐雾，小则隐芥藏形；升则腾于宇宙之间，隐则潜伏于波涛之内。"

这段故事的启示是：要潜得下去、浮得上来。

"手记"的行文节奏都是慢板式的，没有急管繁弦，走笔很从容。在这个浮躁的时代，"手记"作者却很娴静；尽管公务缠身，头绪纷繁，他却能把心静下来。这不容易。心不静，或者潜不下去，或者浮不上来，也就难以获得敏锐的观察力和洞察力，难以把素材吃透、想透、想定，正所谓静能生慧。

观察力和洞察力离不开周全细致的访前备课。每次采访之前，何伟都要认真备课，把有关采编人员召集起来，虚心请教，仔细记录，尽量获取尽可能全面的信息。研究先行，揣着问题去采访，绝不打无把握之杖。访前脑子空空如也，临场野地抓旋风，采完有啥菜做啥饭，这不是他这个细致人、讲究人的做事风格。

奇瑞那篇"手记"开头是这样写的："这些年，奇瑞在想什么？干什么？他们说转型，走出低谷了吗？"行文至中途，又发问："奇瑞败下阵来了吗？"这就是去之前何伟脑子里存储的问题。

研究先行，问题先行，问题导向，有利于在短促的采访时间段内有目的地观察。这是一个好作风，体现出纯正的专业精神。尽管如此，"手记"写得也很苦，并非想定了一挥而就，立马可待。恰恰相反，在一次业务研讨会上，我得知，作为汽车报的社长，能汽集团的董事长，公务缠身，日日为衰落中纸媒的生存奔波，只能利用周六周日，一个人在寂静的办公室里踱来踱去，反复推敲。他是多么地用心，多么爱惜自己的羽毛。

2016年12月20日，在中国汽车报社内部的业务培训会上，面向全体采编人员，何伟作为总编辑讲了一课，课题是《出精品、出人才》。他强调："名记者一定要有自己的东西。"那么，什么是自己的东西？自己的东西从何而来？可以说，他"怀胎"和"分娩""手记"的过程给我们做出了很好的示范。

贤人学问无遗力，少壮功夫老始成。见贤思齐；欲齐贤，先内省，再笃行。余不敏，不揣浅陋，嚼英之余，顺手铭感，罗列于此，以文印人，唯望有志于锤炼锦心绣口、妙笔生花者鉴学一二。他若镜花水月、空泛无用之词，皆略而不叙，惧衰也。

是为记。

秦淑文

2019年于北京

（作者毕业于中国社会科学院新闻系，中国汽车报首席评论员，高级记者，资深汽车媒体人）